国学概论选粹

经学源流考

民国二十七年（1938）
潜江甘氏崇雅堂排印本

杜泽逊　主编

青岛出版集团
青岛出版社

《国学概论选粹》序言

◎杜泽逊

所谓“国学”，即一国之传统学问。中国之所以为中国，在于中国有本国之独特学问。其学问博大精深，主流为经、史、子、集四部，旁支则释、道二家之学，其根基则中国语言文字之学。总结中国固有之学问，模式甚多，清代乾隆修《四库全书总目》二百卷，张之洞誉为“良师”，至今奉为门径。近世有概论之学，分章分节，构建体系，于是有“国学概论”之作，其书甚多，尤以二十世纪二三十年代为盛。其专门机构则清华大学国学研究院、北京大学研究所国学门、无锡国学专修学校、章太炎苏州国学讲习会，皆其显耀者。二十世纪八十年代，国家改革开放，引进西方科学技术、文化教育、生活习俗，倾心者甚至主张全盘西化，而我国固有之学问激发而起，迎来“国学热”。揆文化发展之理，凡一国开放之世，则本国固有之学问必强势而兴，内外交汇激荡，而文化得以进步，故西学、国学皆新文化建设之基础，不可偏废。然则，学习国学实非守旧，乃开新之津要，民族自信之源泉也。青岛出版社吴清波学长有感于斯，邀余择取国学概论之精且易读者重印以飨同好，因约李君振聚讨论而甄选之，本辑计六种：洪北平《国学研究法》、王易《国学概论》、马瀛《国学概论》、陶庸生《国学概要》、曹聚仁《国故学大纲》、甘鹏云《经学源流考》，先行付印，李君略作解题，以为导读。佳者尚夥，宜次第刊传之。

2022年5月16日

于山东大学文学院

《经学源流考》

附国学笔谈

甘鹏云　撰

民国二十七年（1938）
潜江甘氏崇雅堂排印本

甘鹏云，字药樵，号翼父，别号耐翁，晚号潜庐、息园居士。湖北潜江人。清同治元年（1862）生，民国三十年（1941）卒。学于武昌经心书院、两湖书院，考道问业，日益精进，清光绪二十九年（1903）考取进士。后留学日本，归国后任职于黑龙江、吉林等地，任财政监理官。民国七年当选众议院议员。民国二十一年任湖北通志馆筹备处副主任，撰有《方志商》一书。晚年潜心著述，著有《湖北文征》《楚师儒传》《潜庐类稿》《潜庐诗录》等。

《经学源流考》八卷十七章共一百四十六则，《孔门传授》一则，《战国经学流派》一则，《易》学源流三十七则，《尚书》学源流十三则，《诗》学源流十八则，《周礼》学源流八则，《仪礼》学源流十二则，《礼记》学源流十一则，《三礼》总义三则，《乐》学源流三则，《春秋》学源流十五则，《孝经》学源流二则，《论语》学源流六则，《孟子》学源流二则，《四书》学源流五则，《尔雅》学源流三则，群经总义六则。此书乃甘氏旅居北京，讲学古学院时所纂，目录末有自叙述其颠末甚详：

> 叙曰，太岁丁丑，海内学人，旅燕京者。悼大道之湮郁。痛患气之方兴。思以棉力寸心。提倡古学。于是有古学院之设。假团城为讲学所，揭橥十科，曰经学。曰史学。曰政治学。曰声音文字学。曰地理学。曰金石学。曰九流诸子学。曰哲理学。曰词章学。曰艺术学。由同人分门担任，而鹏云任经学，公议先述诸学源流，以提其纲，而后从事纂述，予乃发箧陈书，左右采获，为《经学源流考》八卷……

系统董理的经学演化过程，进行经学历史总结的，如朱彝尊《经义考》专列目录，洪亮吉《通经表》专表人物，俱未能明说经学消长变化的经过。至陈澧《东塾读书记》才开始将这一问题作一系统的研究，其书先述群经源流，次叙各代经学盛衰，其持论既不囿于汉学宋学的成见，也不蔽于古文今文的争端，态度平允，援引精博，惜诸经通论，立言过简，源流之部，仅成郑学、三国、朱子数卷，其余西汉、东汉、晋、南北朝隋、唐五代、宋、辽金元、明、国朝、通论诸章，俱有目无书。至清皮锡瑞继陈氏遗志著《经学通论》及《经学历史》，颇称赅洽，惜皮氏笃守今文，议论失之偏激，虽尚不若康有为、廖平的犷悍，然亦不足以为初学之津梁。甘氏《经学源流考》一书采摭群籍，消融门户之见，持论中允，繁简有度，在各种经学史著作中不啻鸡中之鹤。齐思和又谓此书大抵参考《经义考》《通经表》《四库提要》等书而成，而得之于《东塾读书记》者尤多，宜其持论公允，不为汉宋今古之成见所囿。其辨析流派，亦极条畅明达，清晰扼要。

《国学笔谈》一书上卷成书于清光绪二十五年，下卷民国二十八年续成，书中多谈经学源流，指示读书门径之语，与《经学源流考》正可互相补充，今列为附录。

·经学源流考·

潜江甘氏崇雅堂
一九三八年版

經學源流考

·经学源流考·

潜江甘氏崇雅堂

一九三八年版

·经学源流考·

潜江甘氏崇雅堂
一九三八年版

經學源流考八卷

戊寅七月

·经学源流考·
潜江甘氏崇雅堂
一九三八年版

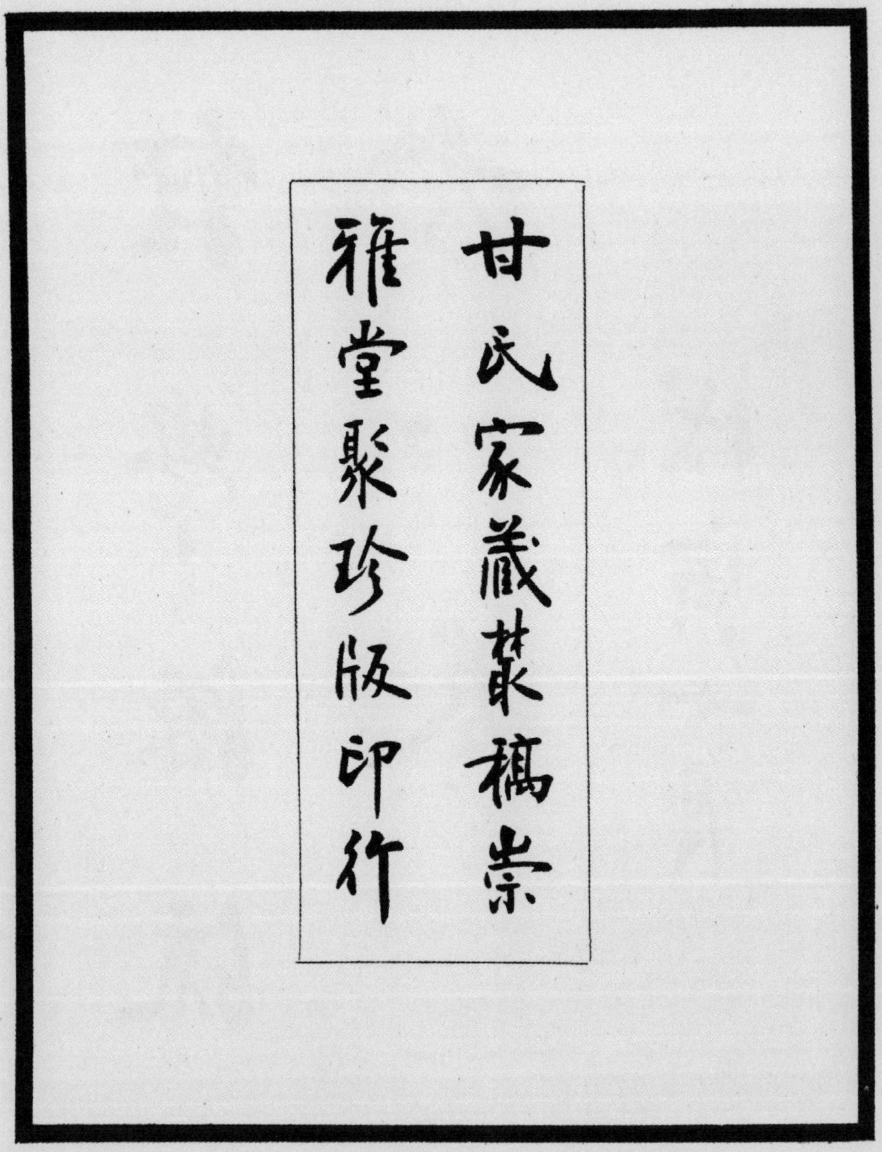
甘氏家藏叢稿崇雅堂聚珍版印行

經學源流考敘目

卷之一

·经学源流考·

潜江甘氏崇雅堂

一九三八年版

卷之二

·经学源流考·
潜江甘氏崇雅堂
一九三八年版

卷之五

·经学源流考·
潜江甘氏崇雅堂
一九三八年版

卷之六

春秋學源流第十一

·经学源流考·
潜江甘氏崇雅堂
一九三八年版

學源流第十四

甘氏家藏叢稿

·经学源流考·
潛江甘氏崇雅堂
一九三八年版

清羣經總義一則

歷代緯書學一則

歷代經學總論一則

敘曰、太歲丁丑、海內學人、旅燕京者。悼大道之湮鬱。痛患氣之方興。思以棉力寸心。提倡古學。於是有古學院之設。假團城爲講學所、揭櫫十科、曰經學。曰史學。曰政治學。曰聲音文字學。曰地理學。曰金石學。曰九流諸子學。曰哲理學。曰詞章學。曰藝術學。由同人分門擔任、而鵬雲任經學、公議先述諸學源流、以提其綱、而後從事纂述、予乃發篋陳書、左右采獲、爲經學源流考八卷、既付寫官寫定、乃援筆而序之曰、六經爲周史之大宗。易、

·经学源流考·
潜江甘氏崇雅堂
一九三八年版

卜筮之史也。尚書、記言之史也。春秋、記動之史也。詩、風俗之史也。禮、一代之律令。史職藏之故府者也。然則六經。乃先王之政典耳。無所謂經也。自孔子閔王路廢而邪道興。於是刪詩書。定禮樂。贊周易。修春秋。七十子之徒。乃始被以經之名。經者何也。謂經爲常久之至道所以。經綸世宙。如徑路之無所不通。可常用也。乾坤之所以不毀。人類之所以長存者。實賴有此常久之至道耳。常久之至道。莫備於六經。扶樹立國之綱紀。範圍天下之人心。鞏固中夏之國基。維持社會之安寧秩序。豈能舍六經而他求哉。而無如曲學異端。倡邪說。逞淫辭。恣肆猖狂。毫無忌憚。舉國學子。尤而效之。靡然從風。而千聖百王之大經大法六經四子之大義微言不明於世以致潰决藩籬人人思軼出繩軌之外民生憔悴四海困窮遂以釀成天下之大亂而不可止大戴禮曰以舊防爲無用而壞之者必有水敗以舊禮爲無所用而去之者必有亂患嗚乎豈不然哉豈不然哉顧亭林曰有亡國有亡天下亡國與亡天下奚辨曰易姓改號謂之亡國仁義充塞而至於率獸食人人將相食謂之亡天下嗚乎讀三千年青史氏之書亡國者代有而亡天下之慘禍則未之前聞今不幸於吾身親見之悲乎痛哉侮聖蔑經之流毒竟至此極乎天乎人乎茫茫浩刼豈遂終古矣乎天心仁愛大道不亡剝極必復其可旦夕

期。耶。抑不。可。旦。夕期。耶。噫。戊寅秋七月、耐翁甘鵬雲書於崇雅堂時年七十有七、

·经学源流考·
潜江甘氏崇雅堂
一九三八年版

經學源流考卷之一

潛江甘鵬雲述

孔門傳授第一

孔子以前。六藝皆掌於官。無以韋布儒生而開門授徒者。以韋布儒生而啓開門授徒之局。以先王政典而爲學者傳習之業。實自孔子始。莊子稱孔子嘗謂老聃曰。某治詩書易禮樂春秋六經。（天運篇）孔安國謂孔子生於周末。睹史籍之緐文。懼覽者之不一。遂乃定禮樂。明舊章。刪詩爲三百篇。約史記而脩春秋。讚易道而黜八索。討論墳典。斷自唐虞。以迄於周。然後六籍燦然具備。（尚書序）司馬遷亦謂孔子閔王路廢而邪道興。於是論次詩

·经学源流考·
潜江甘氏崇雅堂一九三八年版

書修起禮樂因魯史作春秋以寓王法。（史記儒林列傳）晚而喜易序彖繫象說卦文言以詩書禮樂敎弟子蓋三千焉。身通六藝者七十有二人。（史記孔子世家、）是經學權輿於孔子也。而弟子之能傳其業者。易則有商瞿。（史記仲尼弟子列傳、）書則有漆雕開。（史記正義引家語、）詩則有子夏。（鄭志）禮則有曾子及孺悲。（大戴禮有曾子十篇、小戴記有曾子問篇、孺悲傳士喪禮、見禮記雜記、）春秋則有左邱明。（杜預春秋左傳集解序、）而子夏尤通羣經。序詩傳易。（史記仲尼弟子列傳索隱、）受春秋。（公羊疏引孝經鈎命決、以春秋屬商、）作喪服傳。（儀禮、）孔子旣沒。敎授西河。爲魏文侯師。（仲尼弟子列傳、）弟子最盛。公羊穀梁皆從受經。（應劭風俗通、及經典釋文序錄、）後漢徐防曰。詩書禮樂。定自孔子。發明章句。始於子夏。（後漢書徐防傳、）是孔門經學之傳。子夏之。

功。爲。多。也、○右孔門傳授一則、

戰國經學流派第二

孔子之學。至戰國。時有二大派。一曰孟子。二曰荀卿。孟子受業於子思之門人。史記孟子列傳、而傳曾子之學。孟子之書、稱述曾子者、凡九條、孟子不動心之學、蓋亦出於曾子、趙邠卿稱其通五經。尤長於詩書。孟子題辭、考其書引詩者三十。經始靈臺、刑于寡妻、畏天之威、王赫斯怒、哿矣富人、乃積乃倉、古公亶父、自西自東、迨天之未陰雨、永言配命、兩引晝爾于茅、雨我公田、周雖舊邦、出于幽谷、戎狄是膺、兩引不愆不忘、天之方蹶、殷鑒不遠、商之孫子、誰能執熱、其何能淑、周餘黎民、永言孝思、周道如砥、天生烝民、既醉以酒、憂心悄悄、肆不殄厥慍、○畜君何尤、不在三百篇內、論詩者四。普天之下、小弁、凱風、不素餐兮、引書者十八。湯誓曰時日害喪、書曰天降下民、書曰湯一征、又湯始征、書曰徯我后、兩引太甲曰、天作孽、兩引書曰、若藥不瞑眩、書曰葛伯仇餉、泰誓曰我武維揚、書曰丕顯哉文王謨、堯典曰

·经学源流考·

潜江甘氏崇雅堂

一九三八年版

二十有八載、書曰祇載見瞽瞍、秦誓曰天視自我民視、伊訓曰天誅造攻自牧宮、康誥曰殺越人於貨、書曰享多儀、論書者一。武成、所謂尤長於詩書者。此其證矣。其書說禮之言亦甚多。孟子說禮、有明言禮者、如禮曰諸侯耕助云云、禮朝廷不歷位而相與言云云、是也、諸侯失國云云、在國曰市井之臣云云、下文皆曰禮也、丈夫之冠也、父命之云云、上文云子未學禮乎、三年之喪、齊疏之服云云、天子一位云云、皆曰嘗聞、君薨聽于冢宰、引孔子曰天子適諸侯云云、兩見、一引晏子曰、皆古禮也、有不明言禮者、如古者棺槨無度云云、夏后氏五十而貢云云、夏曰校云云、卿以下必有圭田云云、歲十一月徒杠成云云、招虞人以皮冠云云、天子之地方千里云云、犧牲既成云云、有布縷之征云云、是也、有與人論禮者、如景丑曰禮曰父召無諾云云、湻于髡曰男女授受不親、禮與、齊宣王曰禮爲舊君有服、萬章曰父母愛之、喜而不忘云云、與內則畧同、而論春秋尤有特識。謂春秋無義戰。又謂春秋天子之事也。此皆春秋之大義。非深於春秋者不能道也。孟子每叙道統、於禹抑洪水、周公兼夷狄之後、述及孔子、必言春秋、於舜明於庶物、禹惡旨酒、湯執中、文王視民如傷、武王不泄邇、周公思兼三王之後、述及孔子、亦必言春秋、是知孟子之學、其得力固在春秋也、孟子之學長於微言大義而不務章句與子夏一派不同荀子傳子夏之學經典序錄、善爲詩禮易春秋齊襄王時最爲老師劉向荀子序、從根牟子受詩以傳毛亨號毛詩經典敘錄、子夏傳曾申、申傳魏人李克、克傳魯人孟仲子、孟仲子傳根牟子、根牟子傳荀卿、荀卿傳魯人大毛公、然則荀卿蓋子夏五傳弟子、又傳浮邱伯伯傳申公號魯詩漢書楚元王傳、從虞卿受左氏春秋以傳張蒼蒼傳賈誼經典釋文序錄、從穀梁俶受穀梁春秋以傳浮丘伯伯傳申公申公傳瑕邱江公楊士勛穀梁疏、漢書儒林傳、蓋毛詩魯詩左氏春秋穀梁春秋皆荀子之傳也汪容甫述學、亦詳言之、韓詩外傳引荀子說凡四十有四則韓詩亦荀卿之別子矣且其學尤

·经学源流考·
潛江甘氏崇雅堂
一九三八年版

長。於禮。故荀子一書言禮者過半。（荀子之言曰、凡學始于誦詩、終于讀禮、）大戴所傳之禮三本篇、哀公問五義篇、勸學篇、曾子立事篇。小戴所傳之三年問篇、樂記篇、鄉飲酒義篇、聘義篇。大都皆見於荀子。（荀子所著、載在二戴記者甚多、謝金圃氏荀子序、亦列舉之、）然則曲臺之禮。殆亦荀子之傳也。自七十子之徒既沒。漢諸儒未興。中更戰國暴秦之亂。六藝之傳。得以不絕者。實惟荀子是賴。汪容甫氏推尊荀子以爲有功於諸經。（見述學荀卿子通論、）殆不虛也。要之孟子之學。實開後世宋學一派。荀子之學。實開後世漢學一派。孟子之功在經世。（孟子所言王政、所言仁政、所言不忍人之政、皆意在保民、保民實孟子經世宗旨也、）其在孔門。則政事之科也。荀子之功在傳經。其在孔門。則文學之科也。

○右戰國經學流派一則、

易學源流第三、

漢世易學之傳授。載於兩漢儒林傳者甚詳。今略考之。其最著者。一曰施孟梁邱之學。一曰京氏之學。一曰費氏之學。一曰高氏之學。此外復有韓氏學。白氏學。

施孟梁邱之學。其源。出。於。田。何。何爲商瞿五傳弟子。漢興、說易者皆本田何。而王同、周王孫、丁寬、服光、項生、傳其業。周王孫弟子有蔡公。其出於王同者。楊何、卽墨成、孟但、周霸、衡胡、主父偃也。楊何傳司馬談、及京房。（此別一京房、非焦延壽弟子、）而丁寬復從周王孫受古義。作易說三萬言。訓。故。專。舉。大。誼。以授田王孫。王孫授施讎、孟喜、梁邱賀、

·经学源流考·
潜江甘氏崇雅堂
一九三八年版

由是易有施孟梁邱之學。施讎以田王孫之學、授張禹魯伯。禹授彭宣、戴崇。魯伯授屯莫如、邴丹。由是平帝時有戴賓。賓弟子劉昆。昆子軼、及景鸞。皆治施氏易。孟喜亦以田王孫之學、授白光、翟牧、蓋寬饒、趙賓、焦延壽。由是後漢夏恭、洼丹、觟陽鴻、袁良。良孫安。安子京、與敞京子彭。彭弟湯。及梁竦、任安、徐淑、方儲、方儕、方儼、宗資、許慎、虞光。光子成。成子鳳。鳳子歆。歆子翻。皆治孟氏易。梁邱賀本從京房受易。（係楊何弟子、非焦延壽弟子、）後更事田王孫。則又兼治丁寬及王同兩家之學。授其子臨。臨授王駿、五鹿充宗。充宗授士孫張、鄭彭祖、衡咸、馮商。由是後漢范升、呂羌、楊政、祈恭、祁聖元、張興。興子魴、張堪、杜暉、皆治梁。邱。易而施。孟。梁。邱。之。傳並。盛。焦延壽之易學、自言受之孟喜、以授顚邱京房、房爲易章句、說長於災異、以授段嘉、段、儒林傳作殷、姚平、乘弘、任良、周敞、張傳、由是京。氏。之學。興。而谷永、劉輔、戴憑、魏滿、孫期、楊秉、崔瑗、郎宗、宗子顗、折像、樊英、康檀、第五元、鄭康成、徐穉、韓宗、田君、李昺、劉寬、唐子眞、韋著、度尙、並傳之。劉向以中古文易經、校施孟梁氏經、或脫去无咎悔亡、惟費氏與古文同、費直者、東萊人也、治易長于卦筮、亡章句、徒以彖象繫辭文言解說上下經、以授王璜、其本皆古字、號古文易。由是韓歆、陳元、馬融、鄭衆、鄭康成、許淑、董遇、荀爽、宋忠、等傳之。魏代王肅王弼、並爲之注。而費氏之學興。與費直同時

·经学源流考·
潜江甘氏崇雅堂
一九三八年版

有高相者、其學亦無章句。專說陰陽災異。自言出丁將軍、（丁寬也、）授子康及毋將永、是謂高氏之學。此外又有韓氏。易其源。出於韓嬰。作易傳自傳其家。後有涿郡韓生、以易徵、待詔殿中。授其學於蓋寬饒。又博士白子友、以其學傳朱雲。雲傳嚴望、嚴元、惠莊、爲白氏易。漢世易學傳授淵源之可考者如此。（以上据兩漢儒林傳、及東觀漢記、謝承後漢書、司馬彪續漢書、漢藝文志、隸釋、隸續、姓譜等書、）

楊何之易。漢初嘗立博士。至宣帝時、復立施孟梁邱之易。元帝又立京氏易。費高二家不得立。民間傳之。後漢之末。費氏興而高氏遂微。永嘉之亂。梁邱施氏高氏之易亡。孟氏京氏有書無師。惟鄭康成王輔嗣所注行於世。梁陳之時、鄭王二注、並列國學、齊代唯傳鄭義、至隋王注盛行而鄭學亦寖微矣。隋書經籍志、及經典釋文序錄、據漢書藝文志、施讎孟喜梁邱賀京房諸家、皆有書。惜亡佚無存。惟漢書儒林傳、略載諸人學業、尚可考見涯略。茲各舉數條於此。如云京房以明災異得幸、又云高相治易、無章句、專說陰陽災異、可知京氏高氏二家之學專以說陰陽災異爲主矣。又云京房受易於焦延壽、延壽嘗從孟喜問易、又云孟喜得易家陰陽災變書、詐言師田生且死時、枕喜膝、獨傳喜、同門梁邱賀疏通證明之、曰田生絕於施讎手中、時喜歸東海、安得此事、可知京氏之說災異蓋出於孟氏之傳而孟氏所得之陰

·经学源流考·
潛江甘氏崇雅堂
一九三八年版

陽。災變書實非田生之傳矣。蓋孟喜之學。原分二派。一爲章句之學。一爲災異之學。藝文志有孟氏京房十一篇、災異孟氏京房六十六篇、章句之學。卽與施梁邱氏同受之田王孫者。藝文志有章句施孟梁邱氏各二篇災異之學。非出之田王孫。而孟氏。乃託之田王孫。故梁邱氏證以爲非。儒林傳又云、焦延壽嘗從孟喜受易、會喜死、房以爲延壽易卽孟氏學、翟牧白生不肯仞、皆曰非也、蓋延壽雖從孟喜問易。然專受災異一派。並未受其章句。一派。故翟牧白生。辨其非孟氏學耳。四庫提要謂焦延壽別得書、而託之孟喜、其源實不出於經、隋志載京氏書凡十種、今惟存易傳三卷。凡世應、歸魂、游魂、納甲之說皆出於此。此易家之外道。非經之本旨也。四庫提要以京氏易傳、厠于子部術數家、不入經部、蓋其書雖以易傳爲名、而絕不詮釋經文、亦絕不附合易義、第論世應、飛伏、游魂、歸魂、納甲諸例、與後來錢卜之法相類、故不以之淆聖經之正義耳、

儒林傳又云、成帝時、劉向校書、考易說、以爲諸家易說、皆祖田何、楊叔、丁將軍、大誼略同。惟京氏爲異。可知漢初易學家。除焦京。孟高而外。皆不雜。以陰陽災變之說。矣。又云、丁寬作易說三萬言。訓故舉大誼而已。陳氏澧曰。此班氏特筆也。漢時易家有陰陽災異之說。丁寬易則無之。惟訓詁舉大誼而已。自商瞿至寬六傳而其說不過。如此。此先師家法也。東塾讀書記、

儒林傳又云、費直以彖象繫辭文言解說上下經、陳氏澧曰。此千古治易之準的也。孔子作十篇爲經注之祖。

·经学源流考·
潛江甘氏崇雅堂
一九三八年版

費氏以十篇解說上下經。乃義疏之祖。費氏之書已佚。而鄭康成荀慈明王輔嗣皆傳費氏學。此後諸儒之說。凡據十篇以解經者。皆得費氏家法者也。其自爲說者。皆非費氏家法也。說易者。當以此爲斷。（東塾讀書記、）漢末爲費氏易者。韓歆、陳元、鄭衆、皆無書。有書自馬融始。（七錄云、馬融傳九卷、釋文叙錄及唐藝文志、皆有馬融傳十卷、）馬融爲易傳、授鄭康成。康成復爲易注。而荀爽亦注費氏易。其義各不同。蓋費氏第以彖象繫辭文言解說上下經。本無訓釋。諸儒。斟酌各家。以通之耳。張臯聞云。馬鄭。荀。各自名家。非費。氏。本。學。也。（易義別錄、）馬傳已亡、所見者、僅訓詁碎義、就其一隅而反之。大抵以乾坤十二爻論消息。此鄭。康。成。爻辰。

之說所本也。張皋聞云、乾坤六爻上繫二十八宿。依氣而應、謂之爻辰。若此、則三百八十四爻、其象十二而止。殆猶溓焉。（鄭荀易義序、）又曰、鄭易取象用爻辰、爻辰者、遠而少變、未足以究天地消息。（虞氏易禮序、）陳蘭浦曰、鄭氏爻辰之說、實不足信也。或謂費氏有周易分野一書、爲爻辰所從出。（見錢辛楣答問、）不知費氏第以彖象文言繫辭解說上下經、並無分野之說。蓋傳其學者附會之耳。（東塾讀書記、）康成注易、又多言互體。（四庫提要、）凡卦爻二至四、三至五、兩體交互、各成一卦、先儒謂之互體。（莊二十二年左傳正義、）互體之說、前人多不取、蓋以先師言易、雖有二與四、三與五同功、異位之說、特就兩爻相較言之、初無互體之說也。（王輔嗣胡

·经学源流考·
潜江甘氏崇雅堂
一九三八年版

翼之王介甫程伊川朱子、均不取互體、康成注易、又多言禮。張皋聞曰、韓宣子見易象與魯春秋、曰周禮盡在魯矣、記曰、夫禮必本於太乙、轉而爲陰陽、變而爲四時、其降曰命、故知易者、禮象也。易家言禮者、惟鄭氏。惜其殘闕不存。然其原文本質。使周家一代之制。損益具備。不可得而廢也。虞氏易禮序、康成易注、亡於南北宋之間、宋王氏應麟輯爲一卷、附刻玉海之末、清代惠氏棟、因其舊本重爲補正、分爲三卷、四庫均著錄、釋文叙錄載荀爽易注十卷、今亡、荀悅漢紀云、爽著易傳、據爻象承應陰陽變化之義。以十篇之文、解說經意。由是兗豫言易者、咸傳荀氏學。困學紀聞卷一引、荀氏書、大指言乾升坤降。其說略見於李鼎祚周易集解、張臯聞曰。陰陽之在天地。出入上下。故理有易有簡。位有進有退。道有經有權。歸於正。而已。而荀氏言陽常升而不降。陰常降而不升。則姤遯否之義。大於旣濟也。周易鄭荀義序、是荀氏之言升降。亦不無可議者矣。故荀雖宗費氏。而宗之者。實不及馬鄭云。

後漢易家、有書者、自馬鄭荀三家外。復有宋忠劉表。釋文敍錄載宋忠易注九卷、劉表易章句五卷、今皆亡佚、第有零文碎義、散見於李鼎祚集解中。以殘文推之、宋忠言乾升坤降。卦氣動靜。大抵出入荀氏。劉表章句、尤闕略難考、案其大指、於康成爲近。大要兩家皆費氏易也。

○右兩漢易學傳授八則、

·经学源流考·
潛江甘氏崇雅堂
一九三八年版

三國承漢末之流風。學者說易。猶有漢儒家法。其時魏有董遇、王肅、王弼、皆爲費氏學。吳有虞翻、姚信、蜀有蜀才、皆爲孟氏學。而爲京氏學者。則吳之陸績也。釋文敍錄載董遇章句十二卷、考李鼎祚周易集解、不引董遇、則遇書當亡於唐初、張皋聞曰、遇著書在王肅前。故無與肅合者。其于鄭荀則多同義。雖不可考。要之爲費氏易也。（易義別錄序、）

釋文序錄載王肅易注十卷、今亡佚、其遺說僅存於周易集解中、張皋聞曰、王肅著書。務排鄭氏。其託於賈逵。馬融。以抑鄭。而已。故于易義馬鄭不同者。則從馬。馬與鄭同、則幷背馬。故鄭言周禮、則肅申馬。（論爲殷春祭是也、）鄭言卦氣本於馬、則肅附說卦而棄馬。（西南陰方、東北陽方、用馬注而改其春秋之文、是也、）然其訓詁大義則出於馬。鄭者十七。蓋易注本其父朗所爲。肅更撰定。疑其出於馬。鄭者朗之學也。其掊擊馬。鄭者肅之學也。（易義別錄序、）

隋書經籍志載王弼易注六卷、略例一卷、今存、唐書經籍志、新唐書藝文志、皆載弼注七卷、蓋合略例計之。今本作十卷、則併韓康伯繫辭注三卷計之也。弼之說易。全廢象數。專闡義理。不使易道雜入術數。故宋儒程朱二子頗取之。（程子謂門人看易、先看輔嗣、朱子語類謂輔嗣之言、切中事理、）近儒講漢易者。多詆斥王弼。此乃門戶之見。不足據也。惟朱竹垞錢辛楣全謝山陳蘭浦四家之論。最爲公允。朱竹垞云、孔穎達有言、傳易者更相祖述。惟魏世王輔嗣之注、獨冠古今。漢儒言易。或流入陰陽災異之說。弼始暢以義理。惟因范甯一言、詆其罪深桀紂。學者過信之。讀其書者。先橫高談理數、祖尙玄虛八字於胸中。謂其以老莊解易。吾見橫渠張子之易說矣。開卷詮乾四德、卽引迎之不見其首、隨之不見其後、二語。中間如谷神芻狗、三十幅共一轂、高以下爲基、皆老子之言。在宋之大儒、何嘗不以老莊言易。然則弼之罪。亦何至罪深桀紂耶。王弼論、錢辛楣云王輔嗣之易、何平叔之論語、當時重之更數千載不廢。方之漢儒卽或有間。魏晉說經之家未能或之先也。何晏論、全謝山云輔嗣疵纇誠有之、然未嘗不近人事不可廢也。困學紀聞箋卷一、陳蘭甫云講漢易者、尤推尊虞仲翔、謂仲翔傳孟氏易、乃漢學也。然輔嗣傳費氏易。獨非漢學耶。輔嗣雜以老莊之說。仲翔何嘗不雜以魏伯陽之說耶。在乎學者分別觀之耳。東塾讀書記、虞翻周易注、釋文序錄云十卷、今其書已亡、僅見於周易集解中、張皋聞曰孟喜傳易家陰陽。其說易本於氣、而後以人事明之。當漢之季。惟翻傳孟氏學。翻之言易。以陰陽消息、六爻發揮旁通、升降上下。歸於乾元用九。而天下治。依物取類、貫穿比附、始若瑣碎、及其沈深解剝。離根散葉。鬯茂條達。遂于大道。後儒罕能通之。周易虞氏義序、張氏。爲。虞。氏。學。故。其。言。如。此。其實虞氏說易有可通

·经学源流考·
潜江甘氏崇雅堂
一九三八年版

者。有不可通者。當分別觀之。偏好偏惡。皆非善讀書者。也。王引之經義述聞、焦里堂易圖略、陳蘭浦東塾讀書記、均有駮虞氏之說、文多不錄、

姚信周易注、釋文敍錄云十卷、信字德祐、吳太常卿、其書已佚、僅見於周易集解、張皋聞曰、姚氏言乾坤致用、卦變旁通、九六上下、與虞氏之注、若應規矩、姚氏豈仲翔之徒歟、抑孟氏之傳在吳、姚氏亦得有舊聞歟、惜其所傳止此、無以證之、又曰、孟氏之傳在吳、漢魏之間、未有爲其學者、仲翔之注、爲世所推、亦未聞有聞風而起者、可知世俗所尙、在彼不在此、易義別錄序、然則三國時之爲孟氏學者、除虞翻姚信數人而外、蓋不多見、亦可見魏晉之間、孟氏學之衰也。

三國時、爲孟氏學者、虞翻姚信而外、復有蜀才。七錄云、不詳何人、七志云、是王弼後人、謝炅夏侯該云、是譙周、顏之推陸德明以爲范長生也、釋文敍錄載蜀才易注十卷、其書久亡、今僅見於李鼎祚周易集解中、張皋聞謂蜀才之易、大約用鄭虞之易爲多。卦變全取虞氏云。易義別錄序、

陸績周易述、釋文敍錄云十三卷、久亡、明姚士粦採釋文集解、合以京氏易傳之注、爲陸氏易解一卷、今四庫本是也、張皋聞云、陸績注京氏易傳、則其易、京氏也。京氏章句既亡。由陸氏之說。京氏之大指、庶幾見之。其言六爻發揮、旁通卦爻之變。有與孟氏相出入者。京氏自

·经学源流考·

灊江甘氏崇雅堂一九三八年版

言其易卽孟氏學陸氏倘得之耶。易義別錄序、○右三國易學流派八則、

隋書經籍志、謂梁邱施氏高氏亡於西晉、釋文敘錄謂施氏梁邱亡於永嘉之亂、孟氏京氏無書無師、無師、則無傳習之者、然則西晉之時。行於世者。獨鄭康成王弼二家之學而已。江左中興易惟置王氏博士。太常荀崧奏請置鄭易博士詔許之値王敦之亂、不果立。而王氏之學爲世所重。故治之者特多。今以經典釋文敍錄考之所載晉代治易學者有王廙、字世將、瑯玡臨沂人、東晉荆州刺史、有周易注十二卷、亡、向秀、字子期、河內人、晉散騎常侍、爲易義、亡、庾運、字元度、新野人、官至尙書、爲易義、亡、應貞、字吉甫、汝南人、晉散騎常侍、爲明易論、荀煇、字景文、潁川人、晉太子中庶子、爲易義、亡、張輝、字義元、梁國人、侍中、爲易義、亡、王宏、字正宗、弼之兄、晉大司農、贈太常、爲易義、亡、阮咸、字仲容、陳留人、籍之兄子、晉散騎常侍、始平太守、爲易義、亡、

阮渾、字長成、籍之子、晉太子中庶子、爲易義、亡、楊乂、字元舒、汝南人、晉司徒左長史、爲易卦序論、亡、王濟、字武子、太原人、晉河南尹、爲易義、亡、衞瓘、字伯玉、河東人、晉太保、爲易論、亡、欒肇、字永初、太山人、晉太保掾、尚書郎、爲易象論、亡、鄒湛、字潤甫、南陽人、晉國子祭酒、爲易統略、亡、杜育、字方叔、襄城人、國子祭酒、爲易義、亡、楊瓚、晉司徒右長史、爲易義、亡、張軌、字士彥、安定人、涼州刺史、爲易義、亡、宣舒、字幼驥、陳郡人、晉宜城令、爲通知來藏往論、亡、張璠、安定人、東晉秘書郎、有周易集解、亡、黃穎、南海人、晉廣州儒林從事、有易注、亡、韓康伯、潁川人、東晉太常卿、有繫辭注、今存、袁悅、字元禮、陳郡人、東晉驃騎諮議將軍、有繫辭注、亡、謝万、字萬石、陳郡人、東晉豫州刺史、有繫辭注、亡、桓元、字敬道、譙國龍亢人、有繫辭注、亡、諸人大都皆王氏學也。此外有續咸治鄭氏易。晉書儒林傳、荀顗嘗難鍾會言易無互體。頗與鄭氏之說近。鄭氏言互體、鍾會則言易無互體、與王輔嗣之說同、而荀顗難之、故知荀與鄭氏之說近、其爲鄭氏學與否、不能明也。爲京氏學者有郭琦、

·经学源流考·
潜江甘氏崇雅堂
一九三八年版

晉書隱逸傳、董景道、晉書儒林傳、干寶、字令升、新蔡人、晉元帝時、爲著作郎、領國史、出爲山陰令、遷散騎常侍、有易注十卷、見釋文敘錄、三人。董氏無書、晉書雖稱郭琦注京氏易、然隋書經籍志及釋文序錄、均未載、想久佚矣、干寶易注、釋文敍錄云十卷、久亡、明姚士粦輯爲三卷、亦見張氏惠言易義別錄、史稱寶好陰陽術數、留心京房夏侯勝之傳、故其注易、盡用京氏占候之法、以爲象。而援文武周公遭遇之期運、一一比附之。名爲京氏。學。實非京氏學也。京氏以易陰陽推後世災變、干氏以易辭推周家應期、相去甚遠也、蓋自東晉以後言易者。大率以王弼爲宗。而附之以玄言。其用鄭氏諸家。小有去取而已。非能通其說。如王廙張軌。鄒湛者是也。其有不肯爲王氏學者。則又逞其蕞瑣。

附會之說假託漢師而流入於術數之學如干寶者是也○右兩晉易學流派一則、

六朝易學南北不同大都江左則主王輔嗣河洛則宗鄭康成蓋江左餘風淵源典午學者說易務析名理故王學盛行北方學者崇尚樸實不事浮華故專宗鄭氏就南史儒林傳考之其以易學名者如伏曼容、字公儀、齊中散大夫、嚴植之、字孝源、梁五經博士、卞華、字昭岳、梁五經博士、孔子袪、會稽人、梁通直正員郎、周弘正、陳尚書僕射、著有易義、張譏、字直言、陳國子博士、有周易義三十卷、亡、之徒大都皆王氏學也北方之爲康成學者以徐遵明爲大宗北史儒林傳云徐遵明講鄭氏易注以授盧景裕及清河崔瑾、景裕傳權會郭茂、權會早入鄴都郭茂恒在

·经学源流考·
潜江甘氏崇雅堂
一九三八年版

門下教授、其後能言易者、多出郭茂之門、河南及青齊之間、儒生多講王輔嗣所注、是則南方易學、以王輔嗣爲幟志。北方易學。以鄭康成爲幟志矣。惟王氏之易。因梁褚仲都爲之作疏、陸德明爲之作釋文、其書遂盛行於世。迄于隋代、學者相傳不絶。鄭易未有爲作疏義者。以故鄭學寖微。至於唐初孔穎達作正義。以王易前有褚疏。遂承而用之。而鄭易遂亡矣。（右六朝易學流派一則、）

唐代治易學者、有陸德明陰宏道薛仁貴王勃李鼎祚、東鄉助元載李吉甫高定裴通盧行超陸希聲諸人。於易均有書載於唐書藝文志。又有孔穎達顏師古司馬才章、王恭馬嘉運、趙乾叶、王晱、于志甯諸人。則奉詔撰周易正義者也。今諸家之書、亡佚者多。存於世者、惟李鼎祚周易集解、及周易正義而已。

李鼎祚周易集解、採子夏、孟喜、焦贛、京房、馬融、荀爽、鄭玄、劉表、何晏、宋衷、虞翻、陸績、干寶、王肅、王弼、姚信、王廙、張璠、向秀、王凱沖、侯果、蜀才、翟元、韓康伯、劉瓛、何妥、崔憬、沈驎士、盧氏、（盧氏周易注、隋志已佚其名、）崔覲、伏曼容、孔穎達、姚規、朱仰之、蔡景君等之說、凡三十五家。自序謂刊輔嗣之野文、補康成之逸象、蓋其旨趣如此。四庫提要曰、自王學既盛、漢易遂亡、千百年後、學者得考見畫卦之本旨者、惟賴李書之存耳、是眞可寶之古笈也。（卷一）國朝李道平、有周易集解纂疏、詮解甚精、近有刻本、在湖北叢

·经学源流考·
潛江甘氏崇雅堂
一九三八年版

書中、道平、字遠山、湖北安陸縣人、
自明以來、刻有十三經注疏、周易正義、即其一也、其書
題孔穎達疏、專主王輔嗣之說、不欲有所出入、雖王義
或有乖違。亦必委曲旁引以就之。蓋墨守專門。固疏家。
之通例也。四庫提要曰、周易正義、詮釋文句、多用空言、
不能如諸經正義、根據典籍、源委粲然、卷一 然亦有不可。
厚非者。蓋江左諸儒。大都以老莊說易。甚有雜以釋氏。
之說者。孔氏一切掃棄之。其廓清之功。不可沒也。陳東塾亦
盛推孔疏、之有功、
四庫提要著錄唐人說易之書、又有史徵周易口訣義
六卷、郭京周易舉正三卷、周易口訣義、多引唐以前諸

儒舊說頗有出孔穎達疏、及李鼎祚集解之外者。四庫提要推爲難得之秘本、以爲唐以前解易之書、子夏傳旣屬僞撰、王應麟所輯鄭玄注、姚士粦所輯陸績注、亦非完書、其實存於今者、京房王弼孔穎達李鼎祚四家。及此書而五耳。固好古者所宜寶重也。郭京周易舉正、唐志不載、四庫提要疑出宋人依託、是也。然其說往往。近理、故晁公武易解、朱子易本義、頗多引用。之雖出宋人作僞、不可廢。○右唐易學流派四則、

宋人說易、約分五派。講圖書者爲一派。講象數者爲一派。闡明儒理者爲一派。參攷史事者爲一派。以心性說易者爲一派。以圖書言易者、首推劉牧。所著有易數鉤

·经学源流考·

潜江甘氏崇雅堂

一九三八年版

隱圖、（通志堂經解中有之、四庫提要亦著錄、）牧之學出於种放、放出於陳摶、其源流與邵子之出於穆李者同。而以九爲河圖、十爲洛書、則與邵異。其學盛行於仁宗時。黃黎獻作略例隱訣、吳秘作通神、程大昌作易原、皆祖述牧說而發明之。張浚作紫巖易傳、其末雜說一卷、亦專主劉牧。又朱震有外卦三卷、雷思齊有易圖通變五卷、易筮通變三卷、亦講圖書之學者也。（程大昌、張浚、朱震、雷思齊之書、四庫均著錄、）以象數言易者、有邵子康節。康節易學、受之李之才、之才受之穆脩、脩受之陳摶、與劉牧之易學、蓋同出一源也。其子伯溫、與大名王天脫、滎陽張子望、傳其業。（見四庫總目易學辨惑提要、）其後陳瓘、以易數言天下治忽。（有了翁易說一卷、四庫著

经学源流考卷之一

錄、蓋亦祖述邵子者、朱元昇之易學、亦淵源於邵子、所著有三易備遺、四庫著錄、提要稱其學本邵子、惟言河圖洛書祖劉牧、專闡明儒理者、以安定胡氏瑗爲首、而程子繼之、胡氏主太學時、士子千餘、日講周易、欲著述而未逮、其門人倪天隱述其說、爲周易口義十二卷、見王得臣麈史、及朱竹垞經義攷、今四庫本是也、宋時以義理言易者、大都以是書爲宗、程子之學、雖源出濂溪、然其說易、多本於胡安定、劉紹攽周易詳說、四庫提要引之、所著易傳、專闡儒理、掃除象數、不取陳邵之說、蓋以義理說易之最精粹者也、胡程而外、如司馬溫公張橫渠郭雍之說易、蘇東坡之易傳、張根之吳園易解、大都切於人事、不及象數、不襲虛無玄渺之說、雖

·经学源流考·

潛江甘氏崇雅堂一九三八年版

淵源授受、不必盡同。而其專闡義理、隨事示戒、則無不同也。

以史事證易者、如李光之讀易詳說、楊萬里之誠齋易傳、是也。李光爲劉安世門人、學有師法、紹興庚申、以論和議忤秦檜、謫嶺南、自號讀易老人、因攄其所得、作讀易詳說十卷、於當世之治亂、一身之進退、觀象玩辭、恒三致意。四庫提要稱其書依經立義、切實近理、深有益於學者、非過言也。楊誠齋之易傳、大旨本於伊川、而多引史事、以證之。聖人作易本以吉凶悔吝示人事之所從、舍天道而論人事、並不乖聖人作易之本旨、論者頗以引史證經、病萬里、非確論也。陳櫟、吳澄、胡一桂、均不滿楊誠齋之書、見四庫

提要、

以心性說易者如楊簡王宗傳之倫是也簡有楊氏易傳二十卷、宗傳有童溪易傳三十卷、四庫均著錄、兩家之書、惟憑心悟專務高遠而象數事物皆在所略故四庫提要頗以異學病之且論之曰自漢以來以老莊說易始魏王弼以心性說易始楊簡王宗傳弼易祖尚玄虛以闡發義理漢學至是而始變宋儒掃除古法實從是萌芽然胡程祖其義理而歸諸人事故似淺近而醕實楊簡王宗傳祖其玄虛而索諸性天故似高深而幻眘春秋之書事檀弓之記禮必謹其變之所始錄存是編俾學者知明萬曆以後動以心學說易流別於此二人也。

又有義理與象數兼取者。如朱子之周易本義是也。宋之易學家。程子專言義理。邵康節專談象數。惟朱子本義。參取程邵兩家。既不溺於象數。亦不空陳義理。故言易者。多宗之。其後傳朱子之易學者。有蔡淵、朱鑑、董楷、胡方平、兪琰諸人。蔡淵所著易象意言。闡發名理。兼詳象數、與朱子同。惟不廢互體、與朱子異。朱鑑爲朱子之孫、編輯朱子緒言爲文公易說二十三卷。蓋能世其家學者。董楷有周易傳義附錄十四卷、專采程朱遺說、意在理數兼通、亦能守朱子家法。惟朱子本義、用呂祖謙所定古本、楷則割裂朱子之書、散附程傳之後、與朱子不同耳。胡方平之學、出於董夢程、夢程之學、出於黃榦、黃榦之學、出於朱子、故方平篤守朱子之說。所著易學啟蒙通釋二卷、卽發明朱子易學啟蒙之旨者。俞琰所著、有周易集說四十卷、亦以朱子爲宗。其間雖不無新義。然大要與朱子不背也。

宋人說易、亦有兼取漢學者。如鄭剛中周易窺餘是也。其書雜采荀爽、虞翻、干寶、蜀才、九家之說。不主一家。四庫提要稱其闡發經義。具有理解。爲說易家所不廢。（右宋易學流派七則、）

元代易學。大半以程朱爲宗。以四庫書目考之。如胡一桂之易本義附錄纂疏、易學啓蒙翼傳、胡炳文之周易

·经学源流考·
潜江甘氏崇雅堂
一九三八年版

本義通釋、熊良輔之周易本義集成、龍仁夫之周易集傳、大都。皆。宗。朱。子。者。也。若趙采之周易程朱傳義折衷、董眞卿之周易會通、趙汸之周易文詮、大都。皆兼采程。朱。者。也。其持論與程朱不同者惟王申子之大易輯說、力主數學。而于程朱之說、一概辨其有誤。同時有玉井陽氏者、（陽氏佚其名、惟其姓見申子此書中、）卽著易說二卷以駁之。（見四庫提要、）而張理之大易象數鉤深圖。以陳搏先天之學爲宗。蕭漢沖之讀易考原。實出於邵康節。與程。朱。異。者。不。過。此。數。家。而。已。此。外。大。率。皆。程。朱。之。學。也。（○右元易學派流一則、）

明代講易學者。大。半。皆。祖。程。朱。與。元。代。相。同。其專闡義理者。如蔡清之易經蒙引、崔銑之讀易餘言、林希元之

经学源流考卷之一

易經存疑、張獻翼之讀易紀聞、是也。此外、若楊爵之周易辨錄、胡居仁之易象鈔、潘士藻之洗心齋讀易述、大都以人事爲主。不涉支離玄渺之談。皆程朱之支流也。其推演邵子之學者。有韓邦奇之易學啓蒙意見。祖述楊誠齋之學者。有葉山之八白易傳。談錯綜者。有來知德之周易集注。談之卦者。有黃道周之易象正。談卦變者。有董守諭之卦變考略。大都各明一義。不必遂合聖人作易之本旨也。

○右明易學流派一則、

有清初年說易諸家。承明末之流風。有主義理者。有主象數者。有義理與象數兼取者。有參證史事者。其主義理者。大都以程、朱、爲宗。如孫奇逢之讀易大旨李光地

·经学源流考·
潜江甘氏崇雅堂
一九三八年版

之周易通論、張英之易經衷論、楊名時之周易劄記、程廷祚之大易擇言、均發明義理、切近人事、不主陳、邵、河、洛之說、其足以羽翼程朱、固不待言、卽刁包之易酌、偶言象數、然大都原本程朱、專以明道爲主、蓋亦闡明義理者也、其專主象數者、有黃宗羲之易學象數論、專推闡七象、（大旨謂聖人以象示人、有八卦之象、六爻之象、象形之象、爻位之象、反對之象、方位之象、互體之象、七者備而象窮、）而排斥四象、（謂後儒之爲僞象者、納甲也、卦變也、動爻也、先天也、四者雜而七者晦、）而張烈之讀易日鈔、陳夢雷之周易淺述、亦以明象爲主、張氏之言曰、易者象也、言有盡象無窮、文周逐卦繫象、逐畫繫爻、全是假物取象、不言理、不指事、而萬事萬理畢具、陳氏之言曰、易之義蘊、不出理數象占、顧數不可顯、理不可窮、故但寄之於象、知象則理數在其中、而占亦可卽象而玩云云、可以見兩家說易之宗旨。也。其義。理與象數。兼取者。則有傳以漸曹本榮之易經通注。斟酌乎象數義理。折以大中。絕不株守一家。御纂周易折中、亦兼主義理象數、與易經通注、旨趣略同、錢澄之之田間易學、淵源於黃道周。初從京邵兩家之學入。後復從事於王孔程朱之書。蓋亦象數與義理兼採者也。其參證史事者。則有喬萊之易俟、其解經、多推求人事。參以古今之治亂得失。殆誠齋易傳之支流也。其力闢宋人圖書之說者。自黃宗羲外、如毛奇齡之圖書原舛編、黃宗炎之圖書辨惑、力闢陳摶邵雍之說。而胡渭之易圖明辨、尤能引據舊

·经学源流考·
潜江甘氏崇雅堂
一九三八年版

文。窮溯本末。以籍依託者之口。故漢學家頗稱之。大都。清初學者說易。不純宗漢學。自毛氏奇齡胡氏渭二家出。始申明漢儒之學。而開漢學之先路。至東吳惠氏定宇出。遂專宗漢學。力矯王弼空言說經之習。其所著周易述一編。專宗虞仲翔。參以鄭荀諸家。力排宋人。所著尚有易漢學、易例、周易本義辨證諸書、旨趣略同、自是而後。言易者。多講漢儒師說。單詞片義。搜括不遺。流風所煽。幾成習俗。於是有張氏惠言。專講虞仲翔之學。所著有周易虞氏義、虞氏易禮、虞氏易事、易言、易候、虞氏消息等書、專發明虞氏學、而旁採鄭康成荀爽。著有周易鄭氏義、荀九家義、復綴輯孟喜、京房、馬融、宋衷、劉表、王肅、董遇、翟子元、蜀才、陸績、干寶、王廙、劉瓛、諸家之遺說。以爲易義別錄。而劉氏逢祿、有易虞氏述。李氏銳、有周易虞氏略例。江氏藩、有周易述補。李氏道平。有周易集解纂疏。極力發明漢人。之學。凡王弼之義。程朱之說。皆一掃而空之。漢人象數之學。推闡發明。幾無餘蘊。夫乾嘉諸老。當師法蕩然之。後。捃拾殘賸。以扶微學之一綫。固不爲無功矣。然一惟。漢儒之言是從。顓門墨守。烏能免穿鑿之譏。哉。是以道。咸。以來。此風略變。祖述王輔嗣之說者。於是有焦氏循之周易補疏。祖述程子之說者。於是有丁氏晏之周易述傳。而陳氏澧之東塾讀書記第四卷。論易義、宜以切近人事爲主。不可徒騖古奧。又謂費直以彖象繫辭文言解說上下經。爲千古治易之準的。丁寬訓故舉大誼。

·经学源流考·
潛江甘氏崇雅堂
一九三八年版

爲先師之家法。而絕不取漢人納甲卦氣之說。凡虞氏說不可通之處。以及惠氏紕繆之語。皆指摘而辨論之。而講虞氏學者。遂寖微矣。物極必反。固天道之自然。抑亦不揆之義理。而溺於象數。於聖人寡過之旨。固不合也。○右清易學流派一則、

周易自伏羲畫卦、文王作彖辭、周公作爻辭、謂之經。經分上下二篇。孔子作十翼、謂之傳。傳分十篇、彖傳上下二篇、象傳上下二篇、繫辭傳上下二篇、文言、說卦傳、序卦傳、雜卦傳各一篇、漢書藝文志、易經十二篇、師古曰、上下經及十翼、故十二篇、在古原不相混。費直鄭康成王弼、始以傳附經。顧氏炎武日知錄、周易折中凡例、四庫總目古周易提要、言之甚詳、孔穎達因弼本作正義、行於唐

代。古易。遂不復存。程子作易傳、仍依弼本。至呂大防、晁說之、薛季宣、程迥、李燾、吳仁傑、呂祖謙諸儒。以爲應復。其舊。各有更定。呂大防有周易古經二卷、晁說之有錄古周易八卷、薛季宣有古文周易十二卷、程迥有古周易考一卷、李燾有周易古經八篇、吳仁傑有古周易十二卷、呂祖謙有古周易一卷、詳見四庫提要、而呂祖謙本尤爲有據。朱子作本義。即用呂本。故於周易上經條下云。中間頗爲諸儒所亂、近世晁氏始正其失、而未能盡合古文、呂氏又更定。著爲經二卷傳十卷。乃復孔氏之舊。云。明初、程傳朱義並用。而以世次先程後朱。故永樂中修大全。取朱子本義。割裂卷次。附之程傳之後。易經大全凡例曰、程傳本義、既已並行、而諸家定本、又各不同、故今定從程傳元本、而本義仍以類從、而朱子所定之古文。仍復殽亂。後來士子厭程

·经学源流考·
潛江甘氏崇雅堂
一九三八年版

傳之多。棄去不讀。專用本義。而大全之本、乃朝廷所頒。不敢輒改。遂即監版傳義之本、刊去程傳。而以程之次序。爲朱之次序。而朱義之面目全失矣。至清康熙中。御纂周易折中。始復朱子之舊。周易折中凡例云、經傳次第、悉依本義原本、庶學者由是得以復見古經、不至習近而忘本也、

◯右周易篇次異同一則、

學者講求易學、究應以何家爲宗主乎、歷代易家、各有師授、各有派別、非一言所能盡、無已、惟有舉聖人學易之旨趣。縷述大凡。以告學者耳。

孔子學易之宗旨見於論語者凡二章。曰加我數年、五十以學易、可以無大過矣、曰南人有言曰、人而無恆、不可以作巫醫、善夫、不恆其德、或承之羞、子曰、不占而已

矣、然則聖人之所以學易者、固不出乎庸言庸行之間矣。彼專講圖書象數者、恐非聖人學易之旨也。顧亭林曰、論語記夫子學易之言、而卽繼之曰、子所雅言、詩書執禮、是知夫子平日不言易、而其言詩書執禮、皆言易也。人苟循乎詩書執禮之常而不越焉、則自天祐之、吉無不利矣。故其作繫辭傳、於悔吝無咎之旨、特諄諄焉。而大象所言、凡其體之於身、施之於政者、無非用易之事。然辭本乎象、故曰君子居則觀其象而玩其辭。觀之者淺、玩之者深矣。其所以與民同患者、必於辭焉著之、故曰聖人之情見乎辭。若天一地二、易有太極二章、皆言數之所起、亦贊易之所不可遺、而未嘗專以

·经学源流考·
潜江甘氏崇雅堂
一九三八年版

象數教人爲學也是故出入以度無有師保如臨父母文王周公孔子之易也希夷之圖康節之書道家之易也自二子之學興而空疏之人迂怪之士舉竄迹於其中以爲易而其易爲方術之書於聖人寡過反身之學去之遠矣又曰易六十四卦三百八十四爻一言以蔽之曰不恆其德或承之羞夫子所以思得見夫有恆也有恆然後可以無大過日知錄、亭林爲當代儒宗而其言如此則學易者可以知所從事矣

四庫提要曰易之爲書推天道以明人事者也漢儒言象數一變而爲焦京入於禨祥再變而爲陳邵務窮造化易遂不切於民用王弼盡黜象數說以老莊一變而

胡瑗程子、始闡明儒理。再變而李光楊萬里、又叅證史事。易遂日啓其論端。又易道廣大、無所不包。旁及天文地理、樂律兵法、韵學算術、以逮方外之爐火。皆可援易以爲說。故易說愈繁。夫六十四卦大象。皆有君子以字。其爻象則多戒占者。聖人之情見乎辭矣。其餘皆易之一端。非其本也。一卷翁氏方綱曰。今日讀易。惟應甄辭以求聖人教人寡過之旨。至於窮神知化。聖人尚謂過此以往。未之或知。後之學者。焉得而仰窺之。答趙寅永書、陳氏澧申明其義曰。聖人說過此以往一句。限斷甚明。精義入神以致用也。利用安身以崇德也。此四句乃人理之極。過此則不可知。至於窮神知化。惟德之盛者能之。學

·经学源流考·
潛江甘氏崇雅堂
一九三八年版

者不得仰窺不必馳心於虛渺也（東塾讀書記卷四）、又曰易義切於人事治此經者勿徒騖於古奧也（同上）其示學者以學易之宗旨可謂深切著明矣○右學易宗旨四則、

經學源流考卷之一終　孫男永惇校字

经学源流考卷之二

經學源流考卷之二

灊江甘鵬雲述

尚書學源流第四

孔子删書、斷自唐虞、訖於秦穆、典謨誓誥之文、凡百篇、而爲之序、及秦禁學、孔子之末孫惠壁藏之、經典釋文序錄至漢興、傳尚書者有二派。一曰今文。之學。一曰古。文。之。學。今文。尚。書。之。學。出。於。濟。南。伏。生。伏生故爲秦博士、孝文時、求能治尚書者、天下亡有、聞伏生治之、欲召、時伏生年九十餘、老不能行、於是詔太常使掌故朝錯往受之、秦時焚書、伏生壁藏之、後兵起流亡、漢定、伏生求其書、亡數十篇、獨得二十九篇、以敎於齊魯之間、伏生敎濟

·经学源流考·
潛江甘氏崇雅堂
一九三八年版

南張生。及千乘歐陽生。漢書儒林傳、歐陽生授同郡兒寬、寬又從孔安國受業、以授歐陽生之子、歐陽氏世傳業、至曾孫高作尚書章句、爲歐陽氏學。釋文序錄、濟南林尊事歐陽高、爲博士、以授平當及陳翁孫、當傳朱普鮑宣、翁孫傳殷崇龔勝、朱普更傳桓榮彭閎皋宏、榮傳何湯胡憲、丁鴻鮑駿張酺、鴻傳陳弇劉愷巴茂朱倀、榮又以其學傳子郁、郁子焉、焉孫典、以其學世爲帝師。郁傳楊震、震授虞放陳翼、焉傳黃瓊楊賜、而歐陽高之孫地餘、以書授元帝、傳至歐陽歙、歙以上八世、皆爲博士、歙傳禮震、高獲曹曾、曾子祉、於是治其書者、又有楊寶鮑永尹敏、牟長、宋登、朱寵、張奐、杜喬、宗資輩、而歐陽氏之學於東。

京。爲。最。盛。邵保初漢經師家法考、張生授夏侯都尉、都尉傳族子始昌、始昌傳族子勝、勝又事同郡蕳卿、卿者兒寬門人、又從歐陽氏問、爲學精熟、所問非一師、號。爲。大。夏。侯。氏。學。以傳齊人周堪、及魯國孔霸、霸傳子光、堪授魯國牟卿、及長安許商、商授沛人唐林、及平陵吳章、重泉王吉、齊人炔欽、後漢北海孔融、亦傳大夏侯氏尚書、夏侯建者、勝之從兄子也、師事夏侯勝、及歐陽高、左右采獲、又從五經諸儒問與尚書相出入者、牽引以次章句、爲。小。夏。侯。氏。學。以傳平陵張山拊、山拊授同縣李尋、及鄭寬中、山陽張無故、信都秦恭、陳留假倉、寬中授東郡趙玄、無故授沛人唐尊、恭授魯人馮賓、後漢東海王良、亦傳、

·经学源流考·
潜江甘氏崇雅堂
一九三八年版

小夏侯氏尚書。釋文序錄、此皆治今文之學也。

古文尚書之學、出於孔安國。漢武帝末、魯恭王壞孔子宅、得古文尚書。孔安國者、孔子後也、悉得其書、以考二十九篇、得多十六篇。漢書藝文志、安國以今文字讀之、因以起其家、遭巫蠱事、未立於學官。安國以授都尉朝、而司馬遷亦從安國問故、遷書載堯典禹貢洪範微子金縢諸篇、多古文說。都尉朝授膠東庸生、庸生授清河胡常、常授虢徐敖、敖授王璜及平陵塗惲、惲授河南桑欽。漢書儒林傳、成哀時、劉向父子校理秘書、皆得見之。漢書藝文志、後漢賈徽受業於塗惲、傳其子逵。後漢書賈逵傳、又有孔僖者、安國後也、世傳其學。後漢書孔僖傳、尹敏、蓋豫、周防、丁鴻、楊倫、孫期、亦習古文尚書。後漢書儒林傳、又有扶風杜林得西州桼書。互相考證以授衞宏、徐巡。所謂桼書古文也。後漢書儒林傳、稱林同郡賈逵、爲之作訓、馬融作傳、鄭玄注解、古文尚書由是大顯。案鄭君玄先受古文於張恭祖、既又遊馬融之門。乃淵源於孔氏。又通杜林桼書者也。然增多之一十六篇、馬融云、絕無師說、蓋安國以今文讀之。校其文字、習其句讀而已。漢儒重師承。無師說者。不敢强爲之解。故賈逵之訓、馬融之傳、康成之注。但解伏生所傳之二十九篇。其一十六篇、皆無注釋也。所以謂之逸書。逸書者。非逸其文。其說逸而無考也。以上均江鄭堂說、自東晉時。梅賾之僞孔傳出。而西漢之古文遂亡。

·经学源流考·
潜江甘氏崇雅堂
一九三八年版

孔壁古文之外。復有張霸之僞古文。所謂百兩篇者是也。漢書儒林傳云、百兩篇、出東萊張霸分析二十九篇、以爲數十。又采左氏傳書序、爲作首尾。凡百二篇。篇或數簡。文義淺陋。成帝時、求其古文者、霸以能爲百兩徵。以中書校之、非是。後乃黜其書。師古注曰、以霸私增加分析。故與中書之文不同。中書者、天子所藏之書也。右〇兩漢尚書學傳授四則、

東晉之古文孔傳。出自梅賾。經典釋文敍錄云、晉元帝時、賾奏上孔傳古文尚書亡舜典一篇、購不能得、乃取王肅注堯典從眘徽五典以下、分爲舜典以續之、學徒遂盛、永嘉喪亂。歐陽大小夏侯之書並滅亡。而古文孔

傳始興。置博士。鄭氏亦置博士一人。近唯崇古文。馬鄭王注遂廢。據此、可知自東晉以後。迄於唐初。均崇尚梅賾之古文孔傳。故陸德明作釋文。孔穎達作正義。均用其本。至宋吳棫、朱子、始疑之。元吳澄、明郝敬、梅鷟、頗辨其僞。清初閻氏若璩作古文尚書疏證、惠氏棟作古文尚書考、辭而闢之。而僞古文之說。遂瀰漫於士林矣。乾隆時、頗有倡議廢之者。於時武進莊方耕先生、爲禮部侍郎。著書曰尚書既見。數數稱引禹謨虺誥伊訓。而古文始得仍學官不廢。詳見龔定盦所作莊公神道碑、○右東晉古文孔傳一則、

閻百詩、惠定宇、攻僞古文。搜考實證。頗爲學者所信。姚姬傳復舉大背理者、謂顯黜之不爲過。惜抱軒九經說卷三、惟焦。

·经学源流考·
潜江甘氏崇雅堂
一九三八年版

里堂持論最平其言曰置其假託之孔安國而論其爲魏晉間人之傳則未嘗不與何晏杜預郭璞范甯等先後同時晏預璞甯之傳注可存而論則此傳亦何不可存而論（尚書補疏序、）陳氏澧曰此通人之論也卽以爲王肅作亦何不可存乎（東塾讀書記卷五、右爲孔傳平議一則、）

歷代之以尙書名家者在六朝則有徐遵明、費甝、劉炫、劉焯、遵明受業於屯留王聰傳授浮陽李周仁、及渤海張文敬、李鉉、河間權會皆鄭康成之學也費甝爲尙書義疏之學劉炫劉焯祖述之時稱二劉隋書儒林傳敍云、二劉拔萃出類學通南北博極今古所製諸經義疏、搢紳咸師宗之然則二劉者固六朝之大師也在唐則有孔穎達。穎達因蔡大寶巢猗費甝顧彪劉焯劉炫六家之書。而爲尚書正義。至於今不廢。雖朱子論五經疏、以易書爲最下。然名物訓故。究賴之以有考。固亦不容輕視矣。○右六朝唐尚書學流派一則、

宋代之以尚書名家者。有蘇軾、林之奇、夏僎、呂祖謙、袁燮、蔡沈、陳經、錢時、魏了翁、諸家。而蔡沈之書集傳。行於世、特久。沈字仲默、從朱子遊、朱子晚年、訓傳諸經略備、獨書未及整、環視門生、求可付者、遂以屬蔡氏。蔡氏沈潛反覆數十年。然後克就。其書考序文之誤。四庫提要稱小序一卷、沈逐條辨駁、如朱子之詩序、今其文猶存、而書肆本、皆削去不刊、訂、諸儒之說。以發明、二帝、三王、羣聖人用心之要。往往、有先儒所未及者。元

·经学源流考·
潛江甘氏崇雅堂一九三八年版

時嘗與古注疏並立學官。（見元史選舉志）、而人置注疏、肄此書。明時與夏僎詳解並立學官。（見楊慎丹鉛錄）、而人亦置僎解、肄此書。固有由矣。軾所注、有東坡書傳十三卷、其中多駁正王氏新經之說。於治亂興亡。披抉明暢。較他經獨爲。擅長。朱子盛稱之。之奇所注、有尚書全解四十卷、傳於今者、不盡之奇原本。然其辨析異同。貫穿史事。實卓然成一家言。夏僎所注、有尚書詳解二十六卷、蓋博采二孔、（安國穎達）蘇軾、王雱、陳鵬飛、林之奇、程子、張九成、諸儒之說以爲之。而取於林之奇者、實十之六七。蓋其淵源在。是矣。呂祖謙所注、有書說三十五卷、始洛誥、終秦誓、王應麟玉海云、林少穎書說、至洛誥而終。呂成公書說、自洛誥而始。蓋之奇受學於呂居仁。祖謙又受學於之奇。本以終始其師說。爲一家之學也。袁燮所著、有絜齋家塾書鈔十二卷、大旨在於發明本心。而於帝王治蹟。尤能參酌古今。一一標舉其要領。陳經所著、有尚書詳解五十卷、多採古注疏。或間參以新意。與蔡氏頗有異同。每援後世之事以證古經。蓋趙岐注孟子、已有此例。無庸以駁雜爲嫌也。錢時所著、有融堂書解二十卷、頗主表章書序。博采諸儒之說。不專主一家之學。亦宋經解中之特出者。了翁所著、有尚書要義十七卷、序說一卷、皆摘尚書注疏中精要之語。標以目次。以便簡閱。汰其冗文。使後人不病於蕪雜。而一切考證之實學。已精華

·经学源流考·
濳江甘氏崇雅堂
一九三八年版

畢擷。是亦讀注疏者之津梁矣。以上諸書、四庫均著錄、

○右宋尚書學流派一則、

元代尚書家所著之書、存於今者、有金履祥之尚書表注、陳櫟之尚書集注纂疏、王天與之尚書纂傳、董鼎之書蔡傳輯錄纂注、吳澄之書纂言、陳師凱之書蔡傳旁通、黃鎭成之尚書通考、王充耘之讀書管見、朱祖義之尚書句解、通志堂經解中皆有刻本、考元仁宗延祐二年。定經義取士之制。尚書以蔡沈集傳爲主。故有元一代之爲尚書學者。大都祖述蔡氏。如上所列陳櫟、董鼎、陳師凱、王天與、朱祖義諸家皆是。惟趙孟頫爲書古今文集注、吳澄書纂言、不與蔡氏同耳。王充耘之讀書管見、所說與蔡氏亦

多異同、蓋明制雖以蔡傳垂爲功令、然猶兼用古注疏、故王充耘之書不盡尊蔡氏、其所作書義矜式、兼用孔傳、

○右元尚書學流派一則、

明代之爲尚書學者、多以蔡傳爲宗。蓋自胡廣等奉敕撰書傳大全、專主蔡傳。定爲功令。故業科舉者、童而習之。莫敢有所出入。考元制雖主蔡氏。猶兼用古注疏。觀元史選舉志可見。明太祖親驗天象、知蔡傳不盡可據、因命作書傳會選。參考古義以糾其失。頒行天下。是洪武中尚不以蔡傳爲主。然則專主蔡傳、獨立學官者。蓋自胡廣等書傳大全始矣。明人經解冗濫居多、惟馬明衡之尚書疑義、袁仁之尚書砭蔡編、陳泰交之尚書注考、頗能糾正蔡氏之誤。梅鷟之尚書考異、郝敬之尚書

·经学源流考·
潜江甘氏崇雅堂
一九三八年版

辨解、則辨正古文之僞。其餘大都主蔡氏。李維楨之序王樵尚書日記曰。書有古文今文。今之解書者、又有古義時義。書傳會選以下數十家。是爲古義。而經生不盡用。書經大全以下主蔡氏。而爲之說者、坊肆所盛行。亦數十家。是爲時義。其言足括有明一代之經術矣。見四庫提要、○右明尚書學流派一則、

尚書學之衰。至明代而極矣。迨至淸代。窮經好古之士特多。風氣始爲之一變。如王船山、朱長孺、閻百詩、毛西河、胡朏明、徐位山諸人。其最著者也。但諸人說經。實事求是。雖於漢學爲近。然仍漢、宋兼采。無所專主。至惠松厓、江艮庭、段懋堂、王西莊、孫伯淵諸家出。始專尊漢學。

经学源流考卷之二

一以馬、鄭爲宗。惠有古文尚書考、江有尚書集注音疏、段有古文尚書撰異、王有尚書後案、孫有尚書今古文注疏、而孫氏之書、學者尤推尊之。自魏默深諸人出。又以西京爲主。而盡斥東漢之家法。爲至謂東漢馬鄭古文、鑿空無師傳。抑亦甚矣。見詩古微序、古文之僞。自閻百詩惠松厓二家極力攻擊。王西莊姚姬傳李孝臣丁儉卿諸人繼之。學者多謂爲信然。然四庫提要則謂梅賾之書。行世已久。其文本採掇佚經。排比聯貫。故其旨不悖於聖人。斷無可廢之理。以故咸同以來。說經之家、如焦理堂陳蘭甫諸人。不特不主張廢黜僞古文。且舉僞孔勝於鄭者數條。以爲傳之善。見焦氏尚書補疏、及陳氏東塾讀書記、蓋生當閻。惠諸先生之後。古文尚書久。

·经学源流考·
潜江甘氏崇雅堂
一九三八年版

有定論無庸再肆攻擊。故遂轉而爲持平之論耳。攻古文尚書之僞。主張廢黜者爲一派。不肆攻擊、爲持平之論。不主張廢黜者爲一派。不以古文尚書爲僞。并不以孔傳爲僞。而深以閻惠之攻擊古文爲非者又一派。如毛氏奇齡之古文尚書寃詞、專駁閻百詩。王氏劼之尚書後案駁正、專駁惠松厓王蘭泉。皆是。繼其後者、有謝氏廷蘭之古文尚書辨。張氏崇蘭之古文尚書私議。洪氏良品之古文尚書辨惑。吳氏光耀之古文尚書正辭。皆深病僞古文之說惑人。不惜舌敝唇焦。以挽橫流而破門戶之私。蓋爲世道人心計也。非好辨也。經術關係世風甚鉅。古文尚書、學子誦習數千年矣。忽著書顯攻其僞。請問士子究應讀何書。其意若曰、專讀今文尚書可耳。豈知以古文尚書爲僞。此風一倡。安知不有以今文尚書爲僞者乎。方今。士。人。本。不。悅。學。六。經。束。閣。聖。道。有。墜。地。之。懼。惜。乎。閻。惠。未。目。睹。今。日。之。景。象。耳。設使。閻。惠。生。於。今。日。亦。當。深。悔。攻。擊。古。文。尚。書。之。作。俑。也。

○右淸尙書學流派三則、

·经学源流考·
潜江甘氏崇雅堂
一九三八年版

經學源流考卷之二終

孫男永惇校字

经学源流考卷之三

經學源流考卷之三

潛江甘鵬雲述

詩學源流第五

自孔子删録周詩、上兼商頌、得詩三百十一篇。以授子夏。子夏序之。皆以口傳。未有章句。遭秦焚書而得全者。以其爲人所諷誦。不專在竹帛故也。漢興、傳之者四家。曰魯詩。曰齊詩。曰韓詩。三家。皆今文。學。曰毛詩。較晚出。爲古文。學。此詩之家數也。

三家詩、先漢時、皆立學官。毛詩、至平帝時、始獲立。惟先出者。不如後出流傳之盛。故至魏代而齊詩亡。至西晉而魯詩亡。韓詩雖存。無有傳者。獨毛詩至今相沿不廢。

·经学源流考·
潜江甘氏崇雅堂
一九三八年版

此四學之廢興也。參經典釋文敘錄、及江藩漢學師承記、

魯詩。原於申培公。魯人、實與白生、穆生、皆魯人、楚元王劉交、夷王郢客、其後劉辟疆、劉德、劉向、劉歆、皆傳家學、東漢宗正劉芳、亦善詩、未詳何學、受學於浮邱伯。亦作包邱子、齊人、浮邱伯又受之荀卿。楚人、於子夏、爲六。傳。至申公。而魯詩。以名。其流又復爲四。其弟子瑕邱江公、盡能傳之。徒衆最盛。世爲魯詩宗。而免中縣名、徐公蘭陵王臧、繆生、代人趙綰、魯人孔安國、許生、周霸、碭人魯賜、夏寬、鄒人闕門慶忌、徐偃、皆其同門。江公又授鄒人丞相韋賢、字長孺、又從許生授、及義倩、與博士江公。徐公許生、又授東平王式。韋賢又授其子元成、及兄子博士賞。又從博士江公授、由是魯詩。有韋氏學。博士江公又授南陽卓茂。王

经学源流考卷之三

式又授山陽張長安、及沛人薛廣德、褚少孫、即補史記之褚先生、東平唐長賓。由是魯詩有張、唐、褚氏之學。張長安又授其兄子游卿。薛廣德又授楚人龔勝、龔舍。游卿又授瑯邪人王扶。龔勝又授高暉。王扶又以授陳留人許晏。由是魯詩有許氏學。其不詳所出者、有與游卿同時之般人高嘉、傳其子容、容傳子詡。又有長安右師細君、傳會稽包咸。咸傳黃讜子。又有任城魏應、傳千乘王伉。其通魯詩而授受皆不詳者、則有韋孟、魯恭、陳宣、魯峻、武榮、蔡朗之流。他如魯丕、許晃、李業、陳重、雷義、李咸之流甚多、詳見玉海藝文卷三十八、及陳喬樅魯詩敘錄、陳喬樅謂漢志所載之魯故、魯說、即申公之詩傳。漢志三家之學、魯最先出。其傳亦最廣。而學稱極盛。其治

·经学源流考·
潛江甘氏崇雅堂
一九三八年版

詩以疑者闕不傳爲家法。以三百五篇諫爲作用。故漢志稱三家魯最爲近。亡佚之後、隋志小學、猶有一字石經魯詩六卷。宋王伯厚詩考、猶採摭諸書、以存魯訓。要以近儒馬國翰魯詩故、陳喬樅魯詩遺說考、搜輯爲詳。明豐坊魯詩世學、乃僞本、今不取、說見後、

漢時經師。以齊魯爲兩大宗。春秋穀梁爲魯學、公羊爲齊學、論語亦有齊魯之分、文景之際。言詩者、魯有申培公。而齊則有轅固生。洪氏傳經表、稱轅固未詳所授、轅固既作詩傳。而齊詩以名。授夏侯始昌、始昌以授鄒人后蒼、蒼傳下邳翼奉、博士白奇、蘭陵蕭望之、傳經表又稱望之從夏侯勝受論語禮服、勝、始昌族子也、又曾事白奇、齊詩遺說考敘錄、載其家學、有子三人、最著者曰育、曰咸、曰由、東海匡衡、傳

子咸、與瑯邪師丹。伏理、伏生八世孫、理子湛、湛傳子隆、隆傳子晨、晨傳子無忌、湛弟黯、黯傳子恭、皆伏氏齊詩家學也、朱氏授經圖、於恭下、列子壽、於無忌下、列質與完、今從傳經表、由是有翼。匡。師。伏。之。學。扶風班伯受於師丹、班固之從祖、陳喬樅曰、叔皮父子、世傳家學、潁川滿昌、東觀漢記作蒲昌、受於匡衡、滿昌又傳三人、曰九江張邯、瑯邪皮容、扶風馬援、其以家學傳者、則荀爽、荀悅、陳寔、陳紀也。其流傳而莫明所受者、樂恢之傳趙牧、崔發之傳申屠建也。此外、孫氏有傳書、見漢志、鄧禹、任末、景鸞、皆通其學。其可推類而知者。如王烈、賈彪、李膺、韓融。陳喬樅氏謂皆齊詩家。蓋三家之失傳、齊獨最早。王氏詩考、攟拾既略、而晁說之、董彥達、持論亦多不根、近世余蕭客、范家相、盧文弨、王謨、馮登府、李富孫、陳

·经学源流考·
潜江甘氏崇雅堂
一九三八年版

壽祺續輯、亦殊未詳、惟樸園（喬樅字）、陳氏、繼其父（壽祺）而作。於詩四家異文考證外。復有齊詩遺說考、齊詩翼氏學疏證之作。與迮氏鶴壽（齊詩翼氏學）、馬氏國翰之書、（齊詩傳）可並備一家言焉。

齊詩之大義。陳氏奐謂其用讖緯。然翼奉匡衡、大旨與毛詩同。今據緯書、與翼奉之遺說、尚略可考見其旨。其立說也、有四始之義。（亥爲水始、寅爲木始、巳爲火始、申爲金始）、有五際之義。（亥爲一際、卯爲二際、午爲三際、酉爲四際、戌爲五際、）有五性之義。（肝性靜行仁、心性燥行禮、脾性力行信、肺性堅行義、腎性智行敬、）有六情之義。（北方之情好、東方之情怒、南方之情惡、西方之情情喜、上方之情樂、下方之情哀、）凡此諸義。皆假經立誼。依託象類。遇災陳戒。不失眞言。故後儒多取之。孔氏廣森、迮氏、陳氏、魏氏、詩古微、皆已闡發其凡。齊詩篇名與毛詩異者、若齊風還之篇名營、章數與毛詩異者、若小雅都人士篇、無狐裘黃黃之章、句數與毛詩異者、若周頌般之篇、有於繹思之句、篇章次第、與毛詩異者、如蓼蕭三篇、當先魚麗而爲辰、采薇三篇、當後采芑而爲未、參齊詩翼氏學、及詩古微、今文學家。定詩篇次第者特取之。此其犖犖大端之可考者。

韓詩。始於燕人韓嬰。著傳數萬言、有韓詩之號。傳於淮南賁生、河內趙子、毛詩指說云、賁生傳河內趙生、與此異、授經圖列趙子於博士商涿郡韓生之下、尤誤、趙子授河內蔡誼、誼授河內食子公與王吉、食子公授泰山栗豐、王吉授淄川長孫順、由是有王食長。

·经学源流考·
潛江甘氏崇雅堂
一九三八年版

孫。之學。栗豐又授山陽張就。長孫順又授東海髮福、經典釋文叙錄、一本作段福、此爲一師之傳授。淮陽薛夫子、唐書宰相世系表、名方回、薛廣德曾孫、漢之父也、傳其子漢漢傳犍爲杜撫會稽澹臺敬伯、鉅鹿韓伯高、杜陵廉范、杜撫又傳南陽馮良山陽趙煜、此又一師之傳授。韓嬰家學、傳其孫博士商及涿郡韓生。王吉家學傳子駿、駿傳子崇。西平郅渾、傳其子壽。膠東公沙穆、傳其子浮。蒙人夏恭傳其子牙。宕渠馮緄之父、傳子緄。蓋韓詩之家學最盛。其他平陽朱勃、成陽閭葵廉、安定李洵、山陽張匡、及侯包諸人、下至三國時、魏崔炎、吳張紘、蜀杜瓊、晉何隨、其傳授至太康中猶不絕。見玉海卷三十八、通經表、及陳氏韓詩遺說考、其學。較。毛。魯。兩。家。流。傳。特。久。

至隋唐時。倓包翼要。薛氏章句之書。猶未亡。此阮文達所以謂在宋以前韓詩尚存也。史公儒林傳曰。嬰推詩人之意。而作內外傳數萬言。其語頗與齊魯殊。然歸一也。蓋韓詩乃以兼用內外傳體說經爲家法。後之論者、頗因班志有取春秋、采雜說、咸非其本義之語、遂訾其不合詩意。（陳澧曰、采雜說、非本義、蓋專指外傳而言、）今試取二陳氏之說論定之。陳喬樅曰、外傳之文。記夫子緒論、與春秋雜說。或引詩以證事。或引事以明詩。使法戒顯明。雖非專解經。要其觸類引申。斷章取義。皆有合於聖門商賜言詩之意。（語本元錢維善韓詩外傳序、）陳澧氏則謂、孟子憂心悄悄、慍於羣小、孔子也。亦外傳之體。禮坊記中庸表記緇衣大學引

·经学源流考·

潜江甘氏崇雅堂、一九三八年版

詩者、尤多似外傳。蓋孔門學詩者皆如此。西漢經學、惟詩有毛氏韓氏兩家之書、傳至今日。讀者得知古文內傳、外傳之體。案內傳指毛氏、外傳指韓氏也、乃天之未喪斯文也。更以董仲舒詩無達詁、劉向詩無通故之說定之、則韓詩外傳之學、其得失不辨自定矣。近儒輯韓詩者、有馬國翰、邵晉涵、嚴可均、宋綿初、陳喬樅諸家、陳瑑有外傳疏證、

毛詩者、出自河間人大毛公。其傳授有二說。一說子夏授高行子、高行子授薛倉子、薛倉子授帛妙子、帛妙子授大毛公、大毛公授趙人小毛公、名萇、此爲吳徐整說。一說子夏傳曾申、申傳魏人李克、克傳魯人孟仲子、孟仲子傳根牟子、根牟子傳趙人孫卿子。孫卿子傳魯人大

毛公此爲唐陸德明載入釋文之說。前漢因河間獻王好毛詩。其故訓傳因之得上於朝。後漢最著之詩家其作傳者有鄭衆賈逵馬融。作箋者有鄭康成。惟逵與康成。其師承可考。逵與徐巡於子夏同爲十五傳。巡受之衞宏逵受之賈徽宏徽又同受之九江謝曼卿曼卿受之九江陳俠俠受之徐敖敖受之解延年延年受之趙國貫長卿長卿受之毛萇。而康成則受之張恭祖。而再傳爲孫叔然。蜀許慈亦善鄭氏學。自鄭康成出而廢三家申毛學之局定。自賈逵出而四家異同之評議始興。爾後毛詩孤行。遂常有此兩派。箸述宗毛者有魏王肅之述毛非鄭。有東萊王基之駁王肅申鄭。有劉璠之毛

·经学源流考·

潛江甘氏崇雅堂 一九三八年版

詩箋傳是非。有蜀李譔與鄭箋立異之毛詩傳。此為毛詩中申駁一派。綜采諸家者。有魏隗禧之說齊魯韓毛四家詩義。有孫毓之詩評。評毛鄭王肅三家異同而意、在申、王。又有陳統之難孫氏毛詩評。則意、主申、鄭。又有崔靈恩兼采三家詩本、以為集注。此為毛詩中異同一派。又有業詩一派。主異義。隋志稱宋業遵注業詩二十卷、立義多異、世所不行。又有專說詩序一派。卽釋文所述之周續之、雷次宗、（周雷之學、又出釋慧遠、）劉瓛。隋志所載之顧歡、阮珍之、劉炫、孫暢之諸家之書也。此毛詩孤行以後。研究詩家之流派也。蓋毛與三家之別。一用古文。一用今文。用古文、故多借字。用今文、故多本字。研求是學者、取陳奐毛詩說所舉毛詩義例。陳澧東塾讀書記所發毛詩之凡。按切求之斯取則也宏矣。李清臣謂毛詩簡而深、黃震謂其注簡古、陳澧謂毛詩簡而精、精而奧、葉夢得謂其與禮記左傳無往而不合、范處義謂其得聖人之宗旨、呂祖謙謂毛詩最得眞、此皆毛傳所以能久行而三家必廢之故、

四家之詩。其源流有相混合者。一、魯與毛同源、於荀卿。陳碩甫毛傳淵源通論、言之甚詳。太史公謂韓詩語與齊魯殊。然其歸則一。一、蔡邕治魯詩。所作獨斷、載周頌三十一篇之序、皆祗有首二句。與毛序文有詳略。而大旨略同。一、唐志有韓詩卜商序韓嬰注二十二卷。毛詩亦遵用卜商序。蓋魯韓毛三家之源。并祖子夏。正義云、漢世毛學不行、三家不見詩序、其說恐非、據此、知申公韓嬰、實已見詩序也、王深甯謂申毛之詩、

·经学源流考·

潜江甘氏崇雅堂 一九三八年版

皆出荀卿子。而韓詩外傳、多引荀書。陳蘭甫謂鄭箋兼取三家之說。近人謂鄭箋宗毛、而兼采三家。其韓詩之學、又受自張恭祖。蓋惟通儒、始見此旨。此又四家淵源之大同。研究者不可不知也。至於朱彝尊氏引朱倬之言、所謂魯詩始於申培。而盛於韋賢。齊詩始於轅固。而盛於匡衡。韓詩起於韓嬰。而盛於王吉。毛詩起於毛公。而顯於鄭玄。則溯四家之所從盛也。王應麟氏引彭俊民之言、謂申公得詩之約。轅固得詩之直。以約窮理。以直行己。觀其言、以察其所行、信有異於毛公韓嬰之所云也。此又按合四家生平本末之說也。○右兩漢齊魯韓毛四家詩學傳授九則、自吳人陸璣、作毛詩草木蟲魚疏。詳於名物。遂開後世詩家辨證名物一派。後世此一派之書、有楊嗣復、李樗、陸佃、楊泰之、王應麟、蔡卞、錢氏、許謙、楊璲、馮復京、王禕、林兆珂、沈方珂、吳雨、黃洪憲、毛晉、諸家、同時江表之儒如太叔裘、徐整、韋昭、朱育、皆各有述作。魏自劉楨毛詩義問、主王肅。外有王基、謝沈、毛詩釋義、毛詩外傳、劉璠、毛詩義、諸儒。蜀有譙周、文立、諸儒皆宗毛義。於時偶有一二倡西京絕學者。際齊亡韓魯僅存之後。尚有吳張紘從濮闓受韓詩子元、元子尚、承其學。又有晉董景道之治韓詩大義。有晉楊義之爲毛詩辨異。又別爲異義。羅列三家。梁崔靈恩之爲集注。更兼採三家之本。顧越說毛氏詩旁通異義。此當時今文家之僅存者乎。晉庾峻、何劭、並善詩、未詳所宗何家、此類甚多、衛協

·经学源流考·
潜江甘氏崇雅堂
一九三八年版

有毛詩圖、○右三國晉詩學流派一則、

南北朝時。本詩古文家當軸之世。雖毛詩并崇南北。而鄭箋特重於北方。北學通毛詩者。始於劉獻之、受學於程元。作毛詩序義疏、以授李周仁。周仁傳董令度、程歸則。歸則傳劉敬和、張思伯、劉軌思。周仁又傳李鉉。鉉作毛詩義疏。思伯傳齊安王廓。軌思傳劉焯劉炫、作毛詩述義、毛詩集小序。兼注毛詩譜。獻之之子爰古參古、並傳父業。馬敬德受毛詩於徐遵明。遵明又受毛詩於王聰。董徵受毛詩於清和監伯陽竇熾從祁忻受毛詩。潘徽受毛詩於施公。而河北治毛詩者。復有魏元延明、毛詩誼府、劉芳、毛詩箋音證、沈重、毛詩義疏、詩音義、樂遜、遵明弟子、毛詩序說、魯世達、毛詩章句義疏、毛詩音注、崔浩、房景伯、房景先、高允、毛詩拾遺常景、盧景裕、裴佗、王貞、劉醜、毛詩義疏王伯興、謝氏、張氏。率皆兼崇毛。鄭。惟沈重之學。近人李遇孫氏深病其有二妄。遂開後人攻小序之端。此北學傳詩之大都也。江左雖亦主毛傳。然多出入於鄭王兩家。其時有所謂申駁一派者。前既已明之。至伏曼容、毛詩義、郭璞、毛詩拾遺、毛詩畧、虞喜、毛詩畧注、劉和、劉宣、阮侃、毛詩音、徐邈、毛詩音、蔡謨、毛詩疑字、江惇、毛詩音、裴松之、徐愛、毛詩音、劉孝孫、箸毛詩正論、衍毛之簡、破鄭之怪、許懋、風雅比興義、嚴植之、賀瑒、陸雲、劉敲、關康之、毛詩義、劉瓛、毛詩篇次義、全緩、龔孟舒、許亨、毛詩風雅比興義類、江熙、毛詩注、殷仲堪、毛詩雜義、徐廣、毛義、背隱義、孫暢之、毛詩引辨、何偃、毛詩釋、謝曇濟、毛詩檢漏義、何允、劉瓛弟子、箸毛詩總

·经学源流考·
潜江甘氏崇雅堂一九三八年版

集、毛詩隱義、張譏、毛詩義、顧越、毛詩義疏、舒援、同上、梁二帝。武帝、簡文、皆治。毛詩。於王鄭二家則間有出入。深得毛鄭之旨者。惟周續之詩序義焉。大抵當時南學之弊。經王肅變亂之後。世儒守鄭學。不篤實不如北學專崇鄭氏之深純固非第詩學一端爲然也。○右六朝詩學流派一則、

唐承六朝南北學派分歧之後。其時陸德明作經典釋文。多據南學。而北儒如徐遵明諸人之說。乃不一引及。孔穎達作五經正義。并同釋文。其時顏師古首董其事。本其家學顏之推遺訓。是江南而非河北。故孔穎達據師古定本。羣經率用南學。惟於詩正義。以焯炫特爲殊絕。據其義疏。以爲藍本。用北學特多。說本孫同元、晁公武云、孔氏義疏、混

南北之異、周中孚云、孔氏所從、仍是江左遺習、不能混南北之異、今觀其書。兼崇毛鄭。引申兩家之說。不復以習故進退。守疏不破注之例。而毛鄭古義。賴之以存。世儒稱其書爲廣大精深。有足多者。惜不考及魯韓遺說。兩家之學。因之失傳。故唐藝文志因之不箸錄三家之書。爾時傳詩之家。其淵源可攷者。則略有北學之傳。如劉軌思授詩張士衡。士衡以授柳公彥。公彥傳李元植。元植又授齊威是也。其他說詩之家。如劉迅、詩說三千言、施士丐、明毛鄭詩、箸詩說、許叔牙、毛詩纂義、成伯璵、毛詩指說、毛詩斷章、張訢、毛詩別錄、程修己、毛詩圖、令狐氏、毛詩音義、亡名氏。毛詩提綱、各有述作。而成氏以己見說經。以詩序爲毛公所續。與沈重同病。而宋儒疑序之風。遂乘之大暢矣。

○右唐詩學流派一則、

宋初專宗毛學者。有梅堯臣周堯卿兩家。武功蘇子才、莆田劉宇、胡旦、宋咸、周軾、則兼宗毛鄭。又有楊繪進詩旨。范百祿進詩傳補注。而龍昌期說詩之詭誕穿鑿。卽出於其時。自後下迄元代說詩家。不出廢毛鄭詩序與宗毛鄭詩序兩派。而以廢毛鄭詩序一派。爲最盛。朱子謂本朝自劉侍讀敞、歐陽公修、王丞相安石、（安石新義出、楊時有詩辨疑、王居正爲詩辨學以攻之、）蘇黃門轍、河南程氏、橫渠王氏。皆出乎毛鄭二氏之域。始用己意發其理趣。（參朱子朱德潤之說、）由是以後。成爲風氣。推波不窮。然在當時、林光朝已於歐陽二蘇劉貢父諸家、稱其未穩。繼諸家而作者。有項安世

·经学源流考·
潛江甘氏崇雅堂
一九三八年版

毛詩前說、詩解、程大昌、詩議、王質、興國人、詩總聞、周紫芝、毛詩講義、鄭樵、詩辨妄、楊簡、慈湖詩解、朱子、詩集傳、顧文英、詩傳演說、張俊卿、詩論、趙汝談。詩注、而鄭樵攻詩序尤力。周孚更起而非鄭樵。朱子之說既主廢序。又主吳棫毛詩叶韻補音。二者皆後儒所詬病。然在當時。其門人咸賡續不絕。其始陳駿、毛詩筆義、劉爚、東宮詩解、輔廣、詩童子問、黃幹、受之。幹傳何基。幹又傳熊剛大、饒魯、魯傳汪東山、東山傳從孫克寬、基傳王柏。柏傳金履祥。履祥傳許謙。羅復釋其名物鈔、范祖幹傳其學、遂自成廢序一重淵源。其李樗、張栻、姚隆、錢文子、劉克、章叔平、朱鑑、朱子孫、吳澄、朱公遷、門人洪野谷、野谷門人何英、皆傳其學、劉玉汝、梁寅、胡一桂、梁櫟、梁益、汪克寬、劉瑾、朱倬、趙悳。或得朱子源委。或益發揮其學。或申其未盡。各有箸

·经学源流考·
潜江甘氏崇雅堂
一九三八年版

述。此。一。派。也。當南宋初有范處義、最號稱尊詩序。復有林岊、亦闡之甚力。薛季宣詩說、亦不以棄序爲然。陳傅良毛詩解詁、亦深以考亭爲病。仍藏其說不與辨。呂祖謙亦力宗毛鄭。而有家塾讀詩記之作。厥後戴溪續之。段昌武集解仿之。嚴粲詩緝亦主之。元李公凱句解、取其書而隱括之。黃震讀詩一得、亦不以廢序爲悉合。纂圖互注之毛詩傳、亦多收古義。是。宗。毛。鄭。一。派。者。也。究兩派之得失。則廢序者、排斥傳注。擅長義理。其弊也、至程大昌詩議出。妄改舊名。顛倒任意。徒便己私。陳鵬飛詩解、至以商頌爲當缺。魯頌爲可廢。至王柏詩疑、作二南相配圖。於召南鄭衛之詩、删削至三十餘篇。并移易

经学源流考卷之三

其篇次。紀文達斥爲第一怪變之事。誠爲不誣。宗序者、篤守古說。長於考證。與文士說詩、專求其義、講學家說詩、務繩以理者、絕不同。若夫董逌作廣川詩考、當時因以見三家之名。王應麟作詩考、亦多存三家之說。其詩地理考、亦可究陳詩觀風之指歸。與宋初諸家遙相應和。誠能不囿於當時之風氣也哉。宋史藝文志、載宋人說詩家數甚多、其宗旨多無考、故不摭入、元明人書、見於明史藝文志、及王圻續文獻通考、焦竑國史經籍志者、亦同、

四庫提要謂自歐陽修蘇轍以後。詩家之別解漸生。自鄭樵周孚以後。詩家之爭端大起。紹興紹熙間之所爭執。要其派別。不出兩家。明高承埏云、湻熙以前、無舍序言詩者、湻熙而後、尊集傳、廢序者十之九矣、迄宋末而古義牿亡。新學遂立。元代承之。理詩

·经学源流考·
潛江甘氏崇雅堂一九三八年版

之家、祇箋疏朱傳。延祐頒制。而朱傳遂在學官。宋之兩。派。至元。遂一。派。孤。行。矣。明初、如朱善之詩解頤、尚沿元舊。永樂中、胡廣等增損劉瑾詩傳通釋、爲大全頒行。爾後羣趨於功令。其間亦偶有出入者。如季本詩說解頤、李先芳讀詩私記、姚舜牧疑問、楊守陳詩私鈔、陸深儼山詩微、黃佐詩傳通解、潘恩輯詩說、陸埑詩傳存疑、吳炯質疑、張彩詩原、高承埏五十家詩義中、張次仲待軒詩記、張星茂詩采、朱朝瑛讀詩略記、宋景雲毛詩發微、張溥注疏大全合纂、唐汝諤微言合參、黃淳耀詩劄、朱汝礪同上、徐熙詩說闕疑、諸人。或雜采衆說。或出己見。或持平論。其於毛詩朱子。大要如四庫提要所謂、不似毛奇齡之字字譏彈。不似孫承澤之字字阿附。此亦爭詬後必有之情境。諸學之趨勢。莫不皆然也。當時主張詩序者。則有湛若水之釐正。王漸逵之讀詩記。（二書主小序、然有改經之病、）陳言之詩序傳。顧大韶之詩箋。呂枏之說序。袁仁之或問。張廷臣之詩說。郝敬之毛詩原解。鍾惺張調鼎之詩經備考。陳子龍之詩問。翼鍾淵映之詩序證。諸家爲一派。其崇古學。尙考證者。則有朱謀㙔詩故。何楷詩經世本古義。黃文煥詩經考。李鼎詩經古注。林世陞毛詩人物考。陳第毛詩古音考。瞿九思詩經以俟錄。（以禮說詩、）胡紹曾詩經胡傳。（以篆寫經、）張蔚然三百篇聲譜。爲一派。又有僞古一派。以豐坊之魯詩世學、詩傳、詩說開其先。嗣後林兆珂、張以誠、沈守正、鍾惺、鄒忠允、淩濛初、聞性道。皆篤守而依據之。其變亂篇什。次

·经学源流考·

潛江甘氏崇雅堂一九三八年版

序。者。有陳鳳梧之集解。湛若水之釐正。王漸逵讀詩記之改訂小雅。瞿氏以俟錄之混雅爲一。何氏世本又混風雅頌爲一。李大經詩教考、及楊守陳私鈔之删削改編。朱子所謂淫詩者、皆指爲漢儒誤收。王敬臣亦從而拾其說。徐奮鵬又擅改經傳。進退篇章。顚冒不韙。弊斯極矣。○右宋元明詩學流派二則、

清初順康時詩家。其宗朱傳者。承宋明之餘波。其崇古義者。追漢唐之舊軌。雍乾以後。沿宋明之說者日益微。倡漢唐之風者日以盛。且因之由東漢專家古文而反之西漢專家今文。與宋明及清初諸儒絕相違異。其大略可得言焉。沿宋明之流。大都以朱子爲主。如孫承澤、

朱傳翼李光地詩所及其弟子楊名時。劉記名時之弟子徐鐸、提要錄與徐世沭、惜陰錄姜炳璋、詩序補義陸奎勳、陸堂詩學黃夢白、廣大全王承烈、復安詩說王鍾毅、比興全義范芳、彙話等。多以集傳爲依歸。或兼采。漢。宋。而務。爲平議。葢有御纂二書。詩經傳說彙纂、詩義折中、統貫羣義。既示準的。一時如朱鶴齡、通義嚴虞惇、讀詩質疑顧鎮、虞東學詩張沐、詩經疏略秦松齡、毛詩日箋閻若璩、毛朱詩說顧昺、序傳合參劉靑芝、學詩闕疑紀昭、毛詩廣義等。多比。合毛。朱。兩家之義。而持。其平。其有專崇古義。雅近漢唐之風。而未標漢學之幟者。如王夫之、詩經稗疏毛奇齡、毛詩寫官記、詩禮詩傳詩說駮義、白鷺洲主客說詩、國風省篇、陳啓源、毛詩稽古編、顧棟高、毛詩類釋、諸錦、毛詩說、與奇齡之弟子范家相、詩瀋諸人、是也。其考。究。制度。辨正。名物。均

·经学源流考·
潛江甘氏崇雅堂一九三八年版

非宋明諸家所及至專究毛鄭一家之詩者有李黼平作毛詩紬義戴震作毛鄭詩考正詩經補注始一宗漢詁不雜他家段玉裁受學戴震復作毛詩故訓傳詩經小學以訂古經以還漢舊允足名家而馬瑞辰毛詩傳箋通釋胡承珙毛詩後箋雖瑜不掩瑕仍不失爲精博至陳奐受學段玉裁作毛詩傳疏舍鄭用毛遂集衆說之大成幷作毛詩說毛詩音毛詩傳義類及鄭氏箋攷徵以考鄭箋之所本允推繼絕之功其作鄭箋疏而未成者江都梅植之也他如丁晏毛鄭詩釋、詩譜考正、焦循毛詩補疏、林伯桐毛詩通考、鄭氏譜考正、陳喬樅毛詩鄭箋改字說、莊述祖毛詩考證、毛詩周頌口義、阮元詩經注疏校勘記、或釋全書、或考一篇、或明一義、或校字句、皆研究毛鄭詩專家之作也、其兼究四家之詩者或予輯錄。或考異文。或專摭一家。有馬國翰魯詩故、齊詩傳、韓詩故、韓詩內傳、韓詩說、韓詩薛君章句之作。有邵晉涵韓詩內傳考、宋緜初韓詩內傳徵、陳瑑韓詩外傳疏證、迮鶴壽齊詩翼氏學之作。有陳喬樅魯詩齊詩韓詩遺說考、詩四家異文考證、齊詩翼氏學疏證、及其父壽祺三家詩遺說考之作。有林伯桐王氏三家詩考補注、丁晏詩考補注、及周邵蓮詩考異字箋餘之作。有范家相三家詩拾遺、馮登府三家詩異文疏證、三家詩異義遺說之作。李富孫詩經異文釋、亦兼及四家、諸家搜采單詞碎義。殊見苦心。源流溝通。裒然成帙。未始不可藉見西京今文家。之崖略。至於毛詩王肅注、及其義駁奏事問難等書。馬

·经学源流考·
潛江甘氏崇雅堂
一九三八年版

氏亦有輯本。其於鉤沈拾墜也至矣。惟當時尙有由東漢古文詩家。演繹而進求西京今文。其習尙愈高。故視三家也愈重。嘉道以後。魏源詩古微出。於是始斥毛。而宗三家。龔自珍信之。益衍魏說。而並斥毛鄭。兼攻序文。蓋至是幾幾與朱學合轍。而殊塗也。其有詳考詩家禮制者。有惠周惕詩說。莊存與毛詩說。包世榮詩禮徵文。其詳備詩家名物者。丁晏有陸璣疏校本。焦循有考證。姚炳有詩識名解。陳大章有詩傳名物集覽。黃中松有詩辨證。毛奇齡有續詩傳鳥名。徐鼎有毛詩名物圖說。其言地理氏族者。有焦循、(毛詩地理釋、)朱右曾、(詩地理徵、)李超孫、(詩氏族考、)三家。而自明陳季立考毛詩古音後。清代人尤盛。

如顧炎武詩本音。苗夔毛詩韵訂。錢坫詩音表。夏炘詩經廿二部古音表集說。孔廣森詩聲類。詩聲分例。陳奐釋毛詩音。王筠毛詩雙聲疊韻說。皆前古之所未發。而謝起龍之毛詩訂韻。史榮之風雅遺音。尚非其倫焉。至治毛詩訓詁之書。如徐璈詩廣詁。王筠毛詩重言。陳奐毛詩傳義類。又其專編也。此清儒詩學之條流也。○右清詩學流派一則、

綜列代詩家經說觀之。大都凡六變。西漢爲今文三家詩說盛行之時。至東漢。一變。則毛詩起而代之。馬鄭諸儒出。而毛詩始大。魏王肅異義出。而鄭學一變。魏晉逮隋。南北分疆。爲鄭君門戶歧出之時。至唐。則一變。而全

·经学源流考·
潜江甘氏崇雅堂
一九三八年版

歸鄭。學入北宋而廢序之議昌。於是毛詩相承之舊。又一變。迄於南宋。爲尊序廢序。鄭朱門戶角立之時。至元。則全歸朱氏。明承元舊。久之而古義漸興。朱學略絀。至淸代而一變。復歸毛鄭。道咸以來。由毛鄭一變。而漸歸於三家。合二千年詩家趨向之大端。蓋循環流轉。始終不出此六變之外。◯右歷代詩學遷變一則、

四庫提要云詩序之說。紛如聚訟。以爲大序子夏作、小序子夏毛公合作者。鄭玄詩譜也。以爲子夏所序詩、即今毛詩序者。王肅家語注也。以爲衛宏受學謝曼卿、作詩序者。後漢書儒林傳也。以爲子夏所創。毛公及衛宏又加潤益者。隋書經籍志也。以爲子夏不序詩者。韓愈

也。以爲子夏惟撰首句。以下出於毛公者。成伯璵也。以爲詩人所自製者王安石也。以小序爲國史舊文。以大序爲孔子作者明道程子也。以首句卽孔子所題者王得臣也。以爲毛傳初行。尙未有序。其後門人互相傳授。各記其師說者曹粹中也。以爲凡詩發序兩語爲古序、續申之語、專爲衛宏語者、程大昌也、以爲子夏以夫子之意爲之者、明湛若水也、以爲古人有詩卽有題、或國史標注、或掌故記識、曾經聖人刪正者、沈鯉也、以爲詩序每篇首句、采詩時卽有之、卽孔子亦不能臆序者、沈堯中也、以爲齊魯韓三家詩均有序、毛詩豈獨無序、何待直至東漢、俟宏之序以爲序者、朱彝尊也、以爲村野妄人所作。昌言排擊而不顧者則倡之者鄭樵王質和之者朱子也。然樵所作詩辨妄一出周孚卽作非鄭樵詩辨妄一卷。摘其四十二事攻之質作詩總聞、亦不甚行於世。

·经学源流考·

潛江甘氏崇雅堂一九三八年版

朱子同時、如呂祖謙、陳傅良、葉適。皆以同志之交、各持異義。黃震篤信朱學。而所作日鈔、亦申序說。馬端臨作經籍考、於他書無所考辨。惟詩序一事。反覆攻詰至數千言。自元明以至今日越數百年儒者尚各分左右袒。也。豈非說經家第一爭訟之端乎攷鄭玄之釋南陔曰。子夏序詩。篇義各編。遭戰國至秦而南陔六詩亡。毛公作傳。各引其序冠之篇首。故詩亡而義猶在也。程大昌攷古編、亦曰。今六序兩語之下。明言有義無辭。知其爲秦火之後。見序而不見詩者所爲。朱鶴齡毛詩通義序。又舉宛丘篇序首句與毛傳異辭。其說皆足爲小序首句原在毛前之明證。邱光庭兼明書、舉鄭風出其東門

经学源流考卷之三

篇。謂毛傳與序不符。曹粹中放齋詩說、亦舉召南羔羊、曹風鳲鳩、衛風君子偕老三篇。謂傳意序意不相應。若出於毛。安得自相違戾。其說尤足爲續申之語出於毛後之明證。蔡邕本治魯詩。而所作獨斷、載周頌三十一篇之序。皆祇有首二句。與毛序文有詳略。而大旨略同。蓋子夏五傳至孫卿。孫卿授毛亨。毛亨授毛萇。是毛詩距孫卿再傳。申培師浮邱伯。浮邱伯師孫卿。是魯詩距孫卿亦再傳。故二家之序大同小異。其爲孫卿以來遞相授受者可知。其所授受祇首二句。而以下出於各家之演說。亦可知也。案陶方琦爲魯詩故訓纂、其輯魯詩、較詳於諸家。其目於魯詩授受源流考、及傳詩表、石經魯詩考、魯詩佚文考、劉氏魯詩學、鄭氏魯詩學、高氏魯詩學、蔡氏魯詩學、史公詩學考、班氏

·经学源流考·
潜江甘氏崇雅堂
一九三八年版

詩學考、說文詩考、爾雅魯詩釋、廣雅魯詩釋、楚詞王注魯詩學、漢碑詩考、魯詩通論外、有魯毛同誼述、魯韓同誼述二目、可證魯毛同源之說、魏氏詩古微、有齊魯韓毛異同論、其辨析三家出入最詳、首稱三家詩皆有序、謂三家遺說、凡魯詩如此者、韓必同之、韓詩如此者、魯必同之、齊詩存什一於千百、而魯韓必同之、苟非同出一源、安能重規疊矩、且自詩序外、尙有篇名章句訓詁三端之異同、蓋考四家異同、無有博且辨者如魏氏矣、

且唐書藝文志、稱韓詩卜商序韓嬰注二十二卷。是韓詩亦有序其序亦稱出子夏矣而韓詩遺說之傳於今者往往與毛迥異豈非傳其學者遞有增改之故哉今四庫提要參攷諸說定序首二語爲毛萇以前經師所傳以下續申之詞爲毛萇以下弟子所附殆得其實也

據四庫提要經部卷十五、略有增補、論詩序得失、經義考卷九十九、輯諸儒之言、最爲詳備、近儒議廢序之非者、惠棟九經古義、錢大昕十駕齋養新錄、馮景解春集、述毛稚黃之言皆然、○右詩序廢興平議一則、

詩序既爲數百年儒者爭訟之端。其刪詩一說。亦經說詩家考求而未有定論者也。歷代諸儒主刪詩爲說者。司馬遷、趙岐、書孔傳序、隋經籍志、歐陽修、劉安世、鄭樵、王應麟、馬端臨、顧炎武、王崧、曾釗諸人。主不刪者。則孔穎達、朱子、葉適、蘇天爵、黃淳耀、汪琬、朱彝尊、王士正、李惇、趙翼、崔述、趙坦諸人。謂今詩三百篇、非孔子刪正之舊本者。創自王柏。其後金履祥、王守仁、茅坤、程敏政、皆宗之。其說已爲毛奇齡經問所駁。可不必辨。故刪與不刪二說之中。以主不刪者其義爲長。主張是義者。又以朱彝尊經義考之說爲得其旨。見經義考卷九十八、然自是刪詩之不足信。乃有定論矣。○右刪詩駁議一則、

·经学源流考·
潜江甘氏崇雅堂
一九三八年版

經學源流卷之三終

孫男永惇校字

經學源流考

·经学源流考·

潜江甘氏崇雅堂
一九三八年版

经学源流考卷之四

經學源流考卷之四

潛江甘鵬雲述

周禮學源流第六

周禮在漢、爲古文之學。與大小戴記爲今文家之師說者不同。戴記與公羊春秋並爲今文。故與周官經義。多不合。周官名稱、孔潁達臚舉七名、曰綴禮、孝經說、經禮、禮器、禮儀、中庸、禮經、春秋說、正禮、禮說、周禮、周官外題、周官經、漢藝文志、此七名稱。諸家皆云三百。周官三百六十。舉大數。則云三百。也。康成諸儒。皆同此義。玉海卷三十九、以詩假樂箋之禮法、左隱七年注周公所制禮經、國語晉子餘所云禮志、韓詩外傳所云周制、漢志河間獻王所述周制十八篇、皆周官之屬、其用意與孔正義同旨、不從朱子說也、自臣瓚以儀禮爲經禮。宋以後諸儒皆宗

·经学源流考·
潜江甘氏崇雅堂
一九三八年版

之呂大臨、葉夢得、朱子、敖繼公、熊朋來、姜兆錫、皆沿其說。近儒邵懿辰持之尤堅。然案以禮家之要義。多不可通。嘗斷以陸德明氏周禮爲本儀禮爲末之言。而知周禮。乃禮之綱要。儀禮。乃禮之節目。明舒芬謂周禮視儀禮禮記。猶蜀之視吳魏。賈氏以儀禮爲本、周禮爲末。妄矣。其言最有卓識。蓋周禮。如近代之大清會典。於制作。無不賅。屬禮之廣義。古書言禮、多主廣義、朱子簪書亦然、王船山顧亭林張稷若秦文恭曾文正、及定海黃氏以周、皆持此說、儀禮。如近代之大清通禮。其於禮。祇述通行之儀節。屬禮之狹義。一經一曲。既不可誣。則經禮威儀。因之有別。通典引禮序云、禮也者。體也履也。統之於心曰體。踐而行之曰履。晁公武引子夏所爲說曰、

周禮。爲本。聖人。體之。儀禮。爲末。聖人。履之。此禮。家之微
言。也。然則周禮。爲體。儀禮。爲履。是周。禮。爲體。統之。書。儀
禮。爲。執。行。之事。此亦。可證。二。書廣。狹。不同。之旨。也。清乾
隆中高宗序大清通禮、稱會典爲經禮之遺榘。而通禮
爲曲禮之濫觴。以之按合古經。是周官之爲經。有斷然。
者。其書在周、四庫提要本孫處陳汲之說、謂其如後世
律令條格。率數十年而一修。修則必有所附益。其初周
公爲之。實未嘗行。其後改易之人。以後世之法竄入之。
其書遂雜。陳蘭浦謂逸周書序、稱爲穆王所作。此可證。
在。周。公之後之說。陳氏東塾讀書記、極主此說、汪容甫述學、則以漢
以前周官傳授源流不能詳。故爲衆儒所排。因考古得。

·经学源流考·

潜江甘氏崇雅堂一九三八年版

六徵以申之。如逸周書職方解。即夏官職方文。魏文侯樂人所獻。即大司樂文。太傅禮朝事。載秋官四職文。禮記燕義、載夏官諸子文。內則載天官食醫內饔職文。詩生民傳、有春官肆師職文。遠則西周之世。王朝之政典。太史所記。及列國之官。世守之以食其業。官失而師儒傳之。七十子後學者。繫之於六藝。其傳習之緒。明白可據也。在秦則遭禁錮。馬融周官傳云、秦法與周官相反。故始皇特疾惡。欲絕滅之。搜求焚燒之。獨悉在。漢初則文帝時。祗得其篇章。漢書藝文志云、孝文得六國時魏文侯樂人竇公、獻其書。乃周官大宗伯之大司樂章也。桓譚新論、竇公年百八十歲、二目皆盲、文帝奇之、案此事與伏生九十傳書略似、景帝時。始由。

私家之勿合而登之公家乃古文先秦舊本河間獻王好古學時有李氏得周官上於王、獨闕冬官一篇獻王購以千金不得遂取考工記以補其闕合成六篇奏之參河間獻王傳、隋書經籍志、經典釋文叙錄、孔氏正義、及元儒吳澄說、近人江永據鄭注定考工記爲齊人所作武帝時始收藏於秘府馬融傳云孝武帝始除挾書之律、開獻書之路、既出於山巖屋壁、入於秘府、五家之儒、莫得見焉、既在秘府始經議禮定樂諸儒相與采用史記封禪書云、上與公卿諸生議封禪、羣儒采封禪尚書周官王制之望祀射牛事又漢書藝文志云、河間獻王與毛生等、共采周官及諸子言樂事者、以作樂記此周官始出卽經當時儒生信用之

·经学源流考·

潜江甘氏崇雅堂一九三八年版

證也。馬融傳又云、孝成皇帝時、（賈公彥作哀帝時、）達才通人劉向子歆、校理秘書、始得列序、著於錄略、然亡其冬官一篇、以考工記足之、（秦蕙田云、隋志謂河間獻王所補、釋文敘錄亦同、此云劉歆、未知孰是、）衆儒共排以爲非是。如包周、孟子張、皆糾其不合。則由興而之廢也。是周官至成帝時。始經諸儒非議。當諸儒非議時。唯歆獨識。知爲周公致太平之迹。王莽時。歆爲國師。始建立周官經。奏置博士。則由廢而之興也。河南緱氏杜子春、受業於歆。以教門徒。開封鄭興、與子衆、扶風賈逵、皆傳其學。衆傳子安世。逵又受學于其父徽。馬融受於京兆摯恂。與桓驎同師。融作周官傳、授鄭康成。而涿人盧植與延篤亦師之。康成又兼受於張恭祖。乃作周官禮注。爲鄭氏。學。其弟子最著者有山陽郗慮等六人。據賈公彥序周禮廢興。當康成時。林孝存以爲武帝知周官瀆亂不驗之書。故作十論七難、以排棄之。何休亦以爲六國陰謀之書。唯有鄭玄徧覽羣經。知周禮乃周公致太平之迹。因答林碩之論難。使周禮義得條通。而周官遂得以永在學官。是周禮。又幾廢。於林何之。異議。而仍。興於鄭。氏。也。又有陳參、未詳所受。而傳其學於王莽。故莽時周官之學大行。其他爲周官學者。尚有張衡、衞次仲、呂叔玉、山陽仲長統、長陵趙岐五人。○右兩漢周禮學傳授一則、

東漢之末。說禮者。皆宗。鄭注。惟王肅承其父朗家學。爲

·经学源流考·
潜江甘氏崇雅堂
一九三八年版

周官禮注。專與鄭立異。時蜀人李譔、作傳亦然。晉代説禮之家、遂多宗王肅。鄭氏禮注。惟盛行於北方。徐遵明。最爲大宗。劉炫告韋世康、亦自許能講授周官禮注。李鉉又從房虯受周官。其他表見箸述者。如劉芳撰鄭氏所注周官音。又撰干寶所注周官音。沈重著周官義音。而授其學於楊江。董徽、受學於高望崇。顏之推受之於其父勰。熊安生既受大義於房虯。又受學於徐遵明。撰周禮義疏。而傳之劉炫劉焯。周文帝則命蘇綽盧辯依周制置六官。俾見諸施行。是時。周禮既行。公卿以下。多習其業。北朝周禮風行一時。其盛如此。此北學也。江左於齊太祖時、得竹簡科斗書考工記、其書不傳、其爲周官學者。則有傳玄、陳邵、共評論異同。司馬伷、王懋約、徐邈、李軌、虞喜、韋逞母宋氏、干寶、孫略、沈峻、伊說、崔靈恩等。皆有箸述。見隋唐志。梁徐勉以周禮爲羣經之源本。奏以數百人從沈峻學之。可見當時。此經之盛行。此南。學也。唐初張士衡從劉軌思受周禮。能精究大義。而從之受業者、推賈公彥。據陳邵異同評、沈重義疏二書、爲底本。撰周禮疏。其子大隱能世其學。其門人李元植從之受禮。有音義之作。其撰義決者、則王玄度也。他如蘇安恆、張薦、褚無量等。皆通其學。此唐代。周官學也。○右

魏晉六朝唐周禮學流派一則、

宋王安石新經周禮義出。當時謂其舉所創新法。悉附

·经学源流考·

潜江甘氏崇雅堂 一九三八年版

著之務塞異議者之口。自後宗之者。如王昭禹詳解、林之奇黃裳講義、某氏集說、皆沿其義。龔原至因之舍春秋而好周禮。撰周禮圖。而攻之者則有王居正辨學、楊時辨疑之作。此當時周官學中一申駁之公案也。王氏新經及黃元叔、均置攷工記不解。已開冬官不亡異說之漸。至胡宏、始有冬官未嘗闕、其事屬之地官之說。而程大昌亦創爲五官各有羨數歸之冬官之說。於是俞庭椿爲復古編。而治是學者。遂有冬官不亡一派。眞西山、趙庸齋、皆稱爲先儒所未發。展轉蔓延。至明末而未已。論者至謂。昔之周禮亡其一。今之周禮亡其全。蓋謂此也。臚舉之則宋金叔明疑答王與之訂義葉時禮經會元。元邱葵補亡。胡一桂古周禮補正。晏璧僞本吳澄攷注。澄之孫當、著有周禮纂言一書、汪克寬類要。明方孝孺考次目錄。何喬新集注。舒芬定本。陳深訓雋。柯尙遷釋原。王圻續定全經集注。沈𤦎發明。金瑤述注。徐即登周禮說。郝敬完解。郭良翰古本訂注。陳鳳梧合訓。陳仁錫句解。皆持冬官不亡之說。以相沿襲。至舒氏剔僞圖釋之書。逐句逐字。皆可去取更易。斯爲至極。故王鏊氏則云。不敢從。王志長氏又力詆其非。徐常吉謂爲周公之罪人。桑悅爲義釋。以正其失。王應電則取各職見於經傳者。爲冬官補。錢[illegible]取經傳凡二十有一官、爲冬官補亡。莊存與作周官記。則博采傳記諸子。爲冬官司空記。列大司空、

·经学源流考·
潜江甘氏崇雅堂
一九三八年版

小司空、匠師、后稷、農師、田畯、嗇夫、工正、工師、司里、司商、遒人、舟虞、十三官。江永謂以經傳證之。當有大司空等十七官。皆冬官篇亡之證。後人妄作。如俞庭椿乃周禮之罪人。陳澧謂考工記實可補經。不必割裂五官。茲其較勝者。其專解攷工記者。宋有林希逸、(案林氏亦持冬官未嘗亡之說、)陳祥道、葉皆、(辨疑)趙溥、鄭宗顏、林亦之、王炎。明人之爲此者。則又加以點勘。如陳深、(句詁)徐應曾、(標義)林兆珂、(述注)郭正域、(批點)徐昭慶、(通)焦竑、(解)張鼎思、(補圖)周夢暘、(評)陳仁錫、(句解)張睿卿、(備考)吳治、(集說)朱襄、(後定)陳與郊、(輯注)皆其流也。其纂輯傳注之家。宋有劉彝、(中義)林椅、(綱目)易祓、(綱義)胡銓、(周禮傳、)魏了翁、(折衷、要義、)税與權、(周禮折衷、了翁弟子、)王曉、(三鄭異同辨、)朱申。(句解)元有毛應龍、集傳梁寅。考注明有王應電、傳、圖說、翼傳、三種、宋濂、集注應庭育、輯說王志長、刪翼郎兆玉、古周禮、張采、合解孫攀。古周禮釋評、用朱中本、其闡明經制者，宋有李覯、周禮致太平論、吳沆、周禮本制圖論、六官析微、黃度、周禮說、陳傅良、周禮說、徐筠、周禮微言、曹兆遠、講義、二人傅良弟子、鄭伯謙。太平經國之書、明有唐樞。因論其專攷制度者，宋之王洙、周禮禮器圖、鄭鍔、周禮解義、徐元德、周禮制度精華、夏休、周禮井田譜、項安世、邱乘圖說、程霆、井田議、鄭景炎。開方圖說、明之吳龍徵、荒政十二解、魏校、沿革傳、陳沂、文物大全、是也。其疑周禮者，自漢至今不下數十家。惟胡宏、包恢、季本皆有書以攻其瑕，而王應電則作非周禮辨以駁之。其於移易周禮諸家，亦皆糾正。蓋至是而周官始有廓清之一日矣。元人此經著述、見王圻續文獻通考、明人著述、見明史藝文志。

·经学源流考·
潜江甘氏崇雅堂
一九三八年版

者尚多、不悉錄、○右宋元明周禮學流派一則、

清代周官學家宗俞氏邱氏舊派者有王芝藻訂釋古本、高震三注粹鈔、李文炤集傳、三家。其疑經一派有萬斯大辨非、毛奇齡周禮問、方苞周官辨、三家有詰注。一派如方苞周官析疑、攷工記析疑、劉青芝質疑、姜兆錫輯義、之流是有主於明義理者。如高愈高注、徐世沐惜陰錄、黃叔琳節訓、沈淑翼疏、王文清會要、李大濬、拾義、方苞集注、李光地筆記、李光坡述注、李鍾倫訓纂、連斗山精義、諸人是其推演古義。專崇鄭注者。大都漢學家言與以上。四種說經家異轍。如惠士奇禮說、江永疑義舉要、吳廷華疑義、莊有可集說指掌、蔣載康心解、許珩注疏獻疑、莊存與周官記、周官說、周官說補、莊綬甲周官禮鄭氏注箋、段玉裁漢讀考、徐養原故書考、丁晏釋注、沈夢

蘭、周官學、宋世犖、故書疏証、王聘珍、周禮學、曾釗、注疏小箋、皆是而以。孫。詒。讓。正。義。集。其。大。成。周禮正義、其。分。疏。制。度。者。有。沈。彤、田祿考、王鳴盛、軍賦說、戴震、考工記圖、程瑤田、創物小記、磬折古義、溝洫疆理小記、九穀考、阮元、車制圖考、錢坫、車制考、朱鴻、車制參解、鄭珍、輪輿私箋、王宗涑、考工記考辨、任啟運、肆獻祼饋食禮纂、諸家。蓋。清。代。自。乾。嘉。以。來。說。經。家。均。以。實。事。求。是。爲。家。法。其。釋。羣。經。無。不。以。此。爲。的。不。第。周。官。爲。然。實。由。明。季。王。學。任。心。末。派。一。反。而。歸。諸。樸。實。之。風。習。也。

○右清周禮學流派一則、

歷。朝。周。禮。學。之。分。流。其。可。考。見。者。如。六。官。之。掌。古。代。各。有。流。別。治。官。之。外。別。有。周。政。六。篇。見漢志、宗。伯。之。外。別。有。儀。禮。曲。禮。諸。篇。夏。官。之。外。別。有。司。馬。法。百。五。十。五。篇。漢志、

·经学源流考·
潛江甘氏崇雅堂
一九三八年版

司寇之外。別有周法九篇。（漢志、）錢敩氏。謂此爲禮經外之分流疏節者也。朱彝尊謂漢志儒家、別有周政六篇。周法九篇。河間周制十八篇。注云、獻王所述。似與周官相表裏。惜乎其皆亡也。孫詒讓周禮正義序。謂七雄去籍之後。而齊威王將司馬穰苴、尙推明司馬法。爲兵家職志。魏文侯樂人竇公、猶抱大司樂一經於兵火喪亂之餘。他如朝事之儀。大行之贊。述於大小戴記職方之篇、列於周書。咸其支流之未盡澌滅者也。爾後周盧辯有六官述。唐劉秩仿周官法。爲政典三十五篇。杜佑以爲未盡。更廣周官法爲通典。奏之。此擬周官具體者一。（唐書杜佑傳、）王冕又作仿周禮書。曰持以遇明主。伊呂事業不

经学源流考卷之四

難期。此爲儗周官法制者一。明史文苑傳、蓋皆周官之分流也。王與之周禮訂義、引陳君舉曰。讀周官、須熟讀五官目錄序次。知所屬有定局。更將西漢百官志、及歷代官志與今制官參考。但其時、須知尊卑貴賤親疏不同。蓋治周官經制之學。必須沿流而下達之。葉水心爲黃文叔周禮說序、謂君舉周禮說。以後準前。由近代至漢。溯而通之。文叔以前準後。由春秋至近代。沿而別之。亦同此旨。然則爲周官經世之學者。不可不知此分流之法也。

唐書杜佑傳、既明著通典之書。廣周官之法。然則前史目錄家故事一門。今日政書一類。皆可云周官之支流。

·经学源流考·
潛江甘氏崇雅堂一九三八年版

也。然其中有兼六官之全者。通志而下。有會要通考之增續不絕。有會典則例之踵事漸多。有事實典故之詳考。一朝有典章祖訓之日新不已。有經濟言、經世文編。賅以六典之規別。皆通制之屬。周禮六官全體之支流。也。有舉六官之一者。吏政門則自唐六典以下史志目錄家、謂之職官。禮政門則自漢官舊儀以下史志目錄家、謂之儀注典禮。戶政門則元和郡縣志、救荒活民書以下史志目錄家、謂之地理邦計。兵政門則自歷代兵制以下史志目錄家、謂之軍政。刑政門則自唐律疏義以下史志目錄家、謂之刑法法令。工政門則自營造法式以下史志目錄家、謂之考工。皆周禮六官之分體也。

此經與史分流而仍合揆者也○右周禮學支流二則、

周官經歷代之施用而用之往往召禍自漢儒林碩何休以下逮近儒毛奇齡萬斯大之流疑難追咎者棼起畧舉之、如司馬光、歐陽修、王開祖、徐積、蘇轍、程頤、范浚、胡宏、包恢、晁公武、鄭鍔、陳振孫、魏了翁、黃震、蔡沈、胡寅、洪邁、羅璧、吳澄、王若虛、何異孫、方孝孺、季本、陳仁錫、楊慎、等、其疑難之詞、或以爲文王治岐之書、或謂爲成周理財之書、或謂爲戰國之陰謀、或以爲漢儒之附會、或以爲周公未成之書、或以爲周公作而未行之書、疑詁雖多、大都不出此六者、乃是經中一大公案也考施用之朝自管子仿載師之法變通之而爲參國伍鄙之法而齊以治其後無一獲效者初則劉歆託以輔王莽王田市易五均六筦諸法本之泉府列肆田區皆有征天下騷然受其弊繼則蘇綽盧辯託之以佐周太祖建置六官府兵

·经学源流考·
潜江甘氏崇雅堂
一九三八年版

然治民發政究未沿之論者謂其十用五六仍不足治國又繼以蘇威高熲託之以佐隋文論者謂其十用七八其卒也乃踣隋祚又繼以李林甫託之以修六典而成唐代之禍階又繼以王安石相熙甯緣附之行青苗均輸之法呂嘉問踵之害徧天下論者謂其計利太卑誅求太甚故其禍甚於劉歆又繼以蔡卞蔡京託之紹述安石期盡行其制而靖康之禍以亟鄭伯謙氏所以有文中子關洛諸儒不及用房杜魏徵不能用漢劉氏宋王氏又不善用之嘆也孫氏詒讓正義序謂諸人以詭譎之心刻覈之政偷效於旦夕校利於黍杪而謬託於古經以自文上以誣其君下以斁天下之口不探其

经学源流考卷之四

本而飾其末其僥倖一試不旋踵而潰敗不可振宜哉而懲者詬病此經或疑古政教不可施於今是皆膠柱鍥舟之見也其言允矣故周官自黃震有未可再以天下試之言爾後元王冕有仿周禮書之作欲持以成伊呂之事業而未果明建文即位日與方孝孺討論是經亦未見施行豈果黃震之言有以豫杜其流失也歟○

右歷代周禮施用一則、

孫氏詒讓周禮正義曰周禮故書今書與儀禮古文今文不同儀禮自有古文今文兩家之學周禮則自劉歆以來止有古文之學無所謂今文徐養原謂故書爲校後之本故書今書猶之舊本新本耳但此經惟祕府所

藏、河間獻王所獻者。爲祖本。或謂今書與孔壁諸經同。此非二鄭所得見。然則所謂故書者。有杜及二鄭所據之本。有後鄭所據之本。要皆不必秘府用帙。今書則後鄭所見同時傳寫之帙。葢故書今書。皆不能塙定爲何家之本也。至杜鄭所校本外。又有柳馬二家。亦今書之別本。以疏及釋文所引考之。則今書或本甚多。鄭亦不能悉校矣。夏采注、謂士冠禮、玉藻、故書綏作緌。禮經雖有古文。而小戴則本不出壁中。無古文。而亦得有故書。斯亦故書今書不過新舊本之證也。阮氏校勘記序曰。有杜子春之周禮。有二鄭之周禮。有後鄭之周禮。經文古字不可讀。故四家之學。皆主正字。其云故書者。謂初。

·经学源流考·
潜江甘氏崇雅堂
一九三八年版

獻秘府所藏之本也。其民間傳寫不同者，則為今書。觀兩家之說，可識故書今書之旨趣矣。〇右周禮故書今書之別一則、

儀禮學源流第七

儀禮、明堂位謂為周公攝政六年所制。崔靈恩之說亦同。賈公彥謂為周公致太平之書。以周公，故其書亦存於魯。哀公之時，曾使孺悲學士喪禮於孔子。以及老聃萇宏之見訪於大聖，孟懿子兄弟之、所學，南宮敬叔適周之所問，率在於斯。門人之中，子游、曾子皆傳之。至子夏為喪服傳，於傳儀禮為尤著。明太史公謂傳禮自孔氏者，此也。是為孔門傳禮經之學。孔子世家、言習禮者數四。論語中、於禮獨稱曰執。故公西華有願為小相之

·经学源流考·
潛江甘氏崇雅堂
一九三八年版

言。及孔子歿。諸儒鄉飲大射於孔子冢。可知孔門不獨以禮屬諸文字。騰爲口說。尤必執之以習其儀容。顧棟高謂春秋時、無人引儀禮。常以爲疑。兪正燮則謂、當時、行、其儀。故不、復、引、其文。蓋深明此意。議禮聚訟。乃漢代禮樂崩壞時之所爲。而非孔門明備時之事也。是爲孔門習禮容之學。沿及後世禮家。遂有此二派之流傳矣。

儀禮在後世、明章潢力言其有缺、近邵懿辰則力主其爲完書、疑經與尊經之說雖多、不出此兩說、○右孔門儀禮學傳授一則、

鄭玄禮序曰。秦并天下。收儀禮而歸咸陽。但采其尊君抑臣以爲實用。此秦時儀禮墜沈之證也。漢時其沿禮容學者。有魯諸生持禮器歸陳涉之事。有項籍圍魯習

禮絃歌之諸儒。有以時習禮於孔子冢之諸儒。其最盛。而效。用於國家者。有叔孫通弟子百餘人緜蕞之習。有善爲頌之魯徐生。孝文時、以頌爲禮官大夫。傳子、至孫延、及襄。襄資性善爲頌。雖不能通經。然亦以頌爲大夫。其徐延、及徐氏弟子公戶滿意、桓生、單次、皆爲禮官大夫。於是諸言禮爲頌者。率由徐氏。徐氏後又有張氏。不知經、而能盤辟爲禮容。當時天下郡國。立有容史。皆詣魯學之頌與容。通賈誼所引之容經、後漢劉昆、爲梁孝王後、少習禮容者。皆此一派也。此派之宗旨不求通經。但習儀容。邵懿辰謂與高堂氏之傳經不同。然亦孔門之支流也。

·经学源流考·
潜江甘氏崇雅堂
一九三八年版

其時傳儀禮經者。有十三家。然所傳之經。有三者之別。一爲古文禮。一爲今文禮。一爲逸禮。三者賈、公彥、析之、最明、其言曰。漢興、求錄遺文。高堂生傳十七篇。是今文。也。孔子宅、得亡儀禮五十六篇。其字皆篆書。是爲古文。古文十七篇、與高堂生同。而字多不同。餘三十九篇。絕無師說。在於秘館。則所謂逸禮也。此三者之分別也。析而言之。古文禮者。儀禮卽在其中。劉歆謂魯共王得古文於壞壁。逸禮有三十九。天漢之後。孔安國獻之。桓譚謂逸禮有四十六卷。漢志謂禮古經出於魯淹中及孔氏學七十篇。謂高堂生所傳士禮、劉歆曰、當作十七、文相似。多三十九篇。後漢書謂孔安國所獻禮古經五十六篇。隋志謂古經

出於魯淹中河間獻王得而獻之合五十六篇並威儀之事古經十七篇與高堂生所傳不殊而字多異皆以言古文禮之十七篇及逸禮之三十九篇也

今文者卽漢初高堂生名隆所傳之十七篇與博士侍其生之十七篇朱彝尊謂二者乃一書是也瑕邱蕭奮受之傳東海孟卿卿授同郡后蒼及魯閭邱卿其禮經五十六篇蒼傳十七篇所餘三十九篇以付書館名曰逸禮蒼說禮數萬言號曰后蒼曲臺記孝宣之世蒼爲最明蒼授沛聞人通漢及梁戴德戴聖沛慶普由是禮有大小戴慶氏之學普授魯夏侯敬傳族子咸大戴授瑯琊徐良小戴授梁人橋仁及楊榮傳慶氏學者又有薛

·经学源流考·
潜江甘氏崇雅堂
一九三八年版

人曹充。授其子褒。又有王臨。授犍爲董鈞。徐良橋仁、又各世爲家業。傳小、戴學者。有鄭玄。以校古文。取其義長者作注。爲鄭氏學。至夏侯勝、善說禮服。師古曰、禮之喪服也、蕭望之又從而問之。則漢儒之專治喪服者。此兩漢傳儀禮。經之大略。皆今文學也。

其逸禮三十九篇。劉歆欲列於學官。曾移書太常博士言之。儒林傳贊、稱平帝時、嘗立逸禮。朱子謂班固時、其書尚存。鄭康成亦及見之。玉海引朱氏之言。謂河間獻王所輯五百餘篇。疑或有逸禮在其間。王氏歷引逸禮之見於他書者。其言有云。論衡、宣帝時、河內女子壞老屋、又得佚禮一篇。合五十七篇。斷珪碎璧。皆可寶貴。吳草廬氏、謂三十九篇、唐初猶存。諸儒曾不以爲意。遂至於亡。何異孫據疏中有援引。謂開元時猶在。皆佚禮。漸歸。散亡之說也。近儒邵懿辰、則謂逸禮之說不可信。又力斥爲劉歆所誣僞。丁晏則謂魯共王。得於孔壁。河間。獻王得於淹中者。見於大戴禮。賈誼書。遠在劉歆。前。未可。指爲歆贋作。當依草廬吳氏。別存逸經。爲允。此逸禮。流傳之公案也。

自鄭氏爲十七篇作注後。惟王肅注其全書。其餘如戴德、馬融、劉表、蔣琬、射慈、劉寔、伏曼容、杜預、袁準、衛瓘、劉逵、崔游、賀循、王遂之、蔡謨、環濟、孔衍、葛洪、劉德明、庾蔚之、趙成、費沈、孔倫、陳銓、裴松之、雷次宗、蔡超、田僎之、劉

·经学源流考·

潜江甘氏崇雅堂
一九三八年版

道拔、周續之、庾蔓倩、索徵、張耀、崔凱、王儉、司馬瓛、王逸、樓幼瑜、劉瓛、沈麟士、袁祈、賀游、崔逸、裴子野、賀瑒、何徹、何佟之、皇侃、孔智、謝嶠、袁憲、李渾、王隆伯、張沖、沈文阿、謝徽、及伊氏、徐氏、王氏、嚴氏、卜氏、樊深、戴氏、數十餘家。皆只。注。喪。服。於是漢至六朝。有專爲圖注、問難、箋疏。以專。說。喪。服。及。喪。禮。一。派。其他、手、鈔、者、有王筠。撰新儀者、有鮑泉。從宋懷方學之者、有戚褒。通喪服儀者、有徐之才。就徐遵明學喪服者、有樂遜。其分釋篇章者。何休有冠儀約制。王堪有冠禮儀。至於賀循、爲慶普後人。尤精禮傳。則慶。氏。之。學。至。晉。猶。未。亡。也。其爲。儀。禮。音者。有李軌、劉芳、劉昌宗。爲義。疏。者。有沈重、儀禮義疏、張沖、儀禮傳、無名氏、隋志有二家、黃慶、章疏、李孟悊、章疏諸家。李最有名。唐賈公彥、李元植、刪黃李而作儀禮疏五十卷。又有陸德明爲釋文。王方慶爲正義。其專究喪服者。有孟詵、殷价、龐景昭、張薦、裴茝、仲子陵、諸家。此魏至唐治儀禮諸家之可考者也。

○右兩漢六朝隋唐儀禮學流派四則、

宋儒傳授禮家經傳最盛。且廣者莫如朱子之門。經義考承師二百八十五卷、所載自黃榦以下凡六十一人。蓋亞於傳詩之人數矣。近儒陳澧稱讀儀禮法有分節繪圖釋例三端。在宋儒已開其先。繪圖者有楊復之儀禮圖、及儀禮旁通圖。趙彥肅之特牲少牢二禮圖。釋例者有黃士穀類注儀禮。及亡名氏儀禮類例。此外有箋疏之學。

·经学源流考·
潜江甘氏崇雅堂
一九三八年版

陳祥道注解儀禮。陸佃儀禮義。夏正士儀禮略舉要。周燔儀禮詳解。葉味道儀禮解。劉爚儀禮雲莊經解。魏了翁儀禮要義。馬廷鸞儀禮本經疏會。方回儀禮考。高斯得儀禮合抄。陳普儀禮說。有校釋之學。如張淳之儀禮釋文識誤。李如圭之儀禮集釋。儀禮釋宮。朱子之儀禮釋宮。有通解之學。魏徵類禮、已開其先。朱子有儀禮經傳通解。黃榦有續儀禮經傳通解。楊復有儀禮經傳通解續。諸家之中。黃榦、劉爚、楊復、黃士毅、葉味道、皆朱門弟子也。王偁師胡炳文。極精朱子禮經分類之學。蓋朱門治禮之流派如此。明黃潤玉、婁諒、湛若水、金玉節、皆此派也。近儒治儀禮學。於釋例繪圖箋疏通解之作。均有發明。蓋皆朱學之流裔也。

元明兩朝。爲儀禮逸經學者頗盛。其始創自吳澄儀禮逸經八篇。傳十篇。幷三禮叙錄。皆取諸二戴記幷鄭注、及劉敞所補。汪克寬繼之。爲經禮補逸九卷。論者謂其條理不及吳之精密。元至正時。司業李俊、曾刻逸禮於太學。見童承叙三禮圖序、明永樂中。劉有年所上之儀禮逸十八篇。朱竹垞以爲卽吳草廬本也。黃潤玉儀禮戴記附注。取周官大田禮以補軍禮。蓋亦吳汪流亞。其程敏政儀禮逸經。經禮補逸。湛若水之儀禮補逸經傳測。胡纘儀禮鄭注、附逸禮。皆其流也。其箋疏諸家。以敖繼公儀禮集說最著。然疑喪服傳爲僞書。注文不尊鄭氏。以儀禮

·经学源流考·
潜江甘氏崇雅堂
一九三八年版

曲禮爲經。頗創異說。夏言駁之。蓋自逞私意者。流斯其失也。此外元人則有顧諒、儀禮注、周昌儀禮纂要、明人則有何喬新、儀禮敘錄、程敏政、儀禮注、丁璣、同上、李舜臣、禮經讀、何澄、刊正儀禮疏纂、王樵、校錄古禮、李黼、集解、金九疇、集說讀本、王志長、注疏刪翼、郝敬節解劉宗周、經傳考次、趙魏史、本義、錢臾、儀禮說、張睿卿、儀禮考、張鳳翔集注、朱朝瑛、讀儀禮略記、亡名氏、儀禮解詁、儀禮節要、譚貞良。名物考、其爲圖者。有陳林會通圖、胡賓。禮經圖、其專治喪服者。有梁觀國、韓挺、李隨、劉筠、呂大臨、沈括、鄭文遹、楊簡、馮椅、葉起、車垓、戴石玉、張頊、龔端禮、周南老、徐駿、姜璉、蔡芳、王廷相、劉績。其分釋篇章者。冠昏有楊簡、錢時。冠又有陳普、陳選、鄭若曾。昏有羅願、陰秉衡、王承裕、王廷相。相見有劉敞、陳師道、舒芬、鄉飲酒有鄭樵、高閌、王炎、王時會、史定之、鄭起、何棟如、許孚遠、朱載堉、馮應京、駱問禮、射有朱子、張敔、閩人詮、林烈、王廷相、葉良佩、徐樾、彭良臣、陳鳳梧、謝少南、楊道賓、朱縉、林文奎、吳霞、姚坤、而公食大夫禮、則有劉敞、覲禮則有方回也。至於後世擬經之流、則自唐王彥威續曲臺禮以下。若宋程榮秀之祭禮。明張一棟之居家儀禮。楊廉之擬鄉飲酒禮。此特儀禮學之支流耳。不具錄也。○右宋元明儀禮禮學流派二則

宋人說經。好爲新說。棄古注如土苴。惟儀禮爲樸學。空談者無從措手。而朱子勉齋信齋諸大儒、皆崇信之。故鄭氏專門之學。未爲異義所淆。徒以熙寧罷儀禮而存

·经学源流考·
澧江甘氏崇雅堂
一九三八年版

禮記。棄經任傳。由是至明不以設科。故其學不昌。至清代而鄭氏此經始大顯。即說解之書亦大備。清儒治儀禮學者。於分節繪圖釋例三者、其書俱全。分節者。有張爾岐儀禮鄭注句讀。吳廷華儀禮章句。馬駉儀禮易讀。繪圖者。有張惠言儀禮圖。過於楊氏原書。釋例者。有江永儀禮釋例。凌廷堪禮經釋例。任大椿弁服釋例。自此三者外。其他諸家。皆宗漢詁。尤以胡培翬、楊大堉、儀禮正義、最爲完備。其佳在舊疏之上。而胡承珙儀禮古今文疏義。徐養原儀禮古今文疏證。宋世犖儀禮故書疏證。盧文弨儀禮注疏詳校。褚寅亮儀禮管見。沈彤、儀禮小疏。丁晏儀禮釋注。鄭珍儀禮私箋。金日追儀禮正譌。

阮元儀禮石經校勘記。儀禮注疏校勘記。或詁全經。或疏枝節。亦皆能分道並馳。其類釋者。有任啓運朝廟宮室考。胡匡衷儀禮釋宮。江永釋宮譜增注。程瑤田釋宮小記。胡培翬儀禮宮室定制考。洪頤煊禮經宮室答問。其專說喪禮者。有吳肅公讀禮問。朱建子服制圖考。朱董祥讀禮記略。毛先舒喪禮雜記。汪琬喪禮或問。孫馮翼喪服傳馬王注。程瑤田喪服文足徵記。吳嘉賓喪服會通。吳卓信喪禮經傳約。要以徐乾學讀禮通考。能集。喪禮。之大成。說昏禮者、劉壽曾有昏禮重別論對駁議、而論者頗與萬斯大儀禮商、蔡德晉禮經本義、毛奇齡於昏禮、喪禮、祭禮、廟制、學校、明堂、宗法、郊禘、咸有箸述、李光坡儀禮述注、盛世佐儀禮集編、徐世沐儀禮惜陰錄、某氏儀禮訓義、同讖。其。糅。雜。無。家。法。未。免。失。之。刻。矣。至毛奇齡喪禮吾說篇、謂喪服傳爲戰國後人僞作。方苞儀禮析疑。又詳辨經之不可疑者。論者頗謂其武斷無倫緒也。其補逸。者。有任啟運肆獻祼饋食禮纂。諸錦饗禮補亡、二家。

○右清儀禮學流派一則

通禮之書。其體制本以兼括三禮。自來目錄家不併於三禮者。蓋注三禮則發明經義。輯通禮則歷朝之制皆備焉。故今考儀禮源流。但以通禮之書隸於儀禮支流。而不附入三禮。其書起於梁天監中何佟之等、撰五禮一千餘卷。彙古今而爲一書。爾後宋陳祥道有禮書。朱子有儀禮經傳通解。明黃廣有禮樂合編。清江永有禮

·经学源流考·
潛江甘氏崇雅堂
一九三八年版

经学源流考卷之四

書綱目。應撝謙有禮學彙編。胡掄有禮樂通考。姜兆錫有儀禮經傳內外編。至秦蕙田五禮通考出。遂奄有諸家之長。而爲通禮不刋之作。葢此類之書常以後出者爲完備詳密。經史通制之書例如是矣。○右歷代通禮之書一則、○此儀禮之支流、下同、

儀禮枝流中之有雜禮書。猶樂類中之有律呂書也。秦漢以來。禮不普被。而士民之禮尤缺略。漢書禮樂志有。臣民莫得見漢典之歎。隋書禮儀志亦云、典午以後隨俗。因時整齊無日。宋朱光庭於哲宗時上奏亦悼禮文久廢不講。歷朝國定禮文。既不詳備。而林伯桐氏爰有自古禮書詳於上而略於下之歎。此尤爲古今之巨患。

·经学源流考·
潜江甘氏崇雅堂
一九三八年版

故私家之書遂各緣俗而起其節文。隋志所載。有謝元内外書儀以下十五家。（除鮑氏皇室儀在外）、唐人所爲祭禮。有孟詵、徐潤、鄭正則、范傳式、諸家。文獻通考所載五代宋人書儀。有劉岳、胡瑗、司馬光、三家。專述冠昏喪祭等儀。有許洞天、陳致雍、孫日用、杜衍、韓琦、張載、程頤、呂大防、范祖禹、呂大鈞、朱子諸家。元有鄭泳。明有呂柟、宋纁、呂坤、馬從聘、韓承祚、呂維祺、黄佐諸家。清有李光地、毛奇齡、許三禮、李塨、王心敬、曹庭棟、林伯桐、潘德輿諸家。其朱子家禮一書。明則有邱濬楊愼爲之儀節。清則有王復禮加以辨定。李文炤爲之拾遺。張文嘉爲之新定。考諸禮書之作。大都原本儀禮。而參以今之可行。尤以朱子之書。經明代頒行。故流傳尤廣。四庫、提要、白田雜箸、雖亦皆致疑詰。然行之既久。終不能廢。補官書之。未備。矯民俗而反經。終歸此種。吾人正俗反古。所當精研而加。以力行者。淸末禮學館。曾有詳訂民禮之議。持論甚正。惜其書之。未成也。

○右歷代私家雜禮書一則、

四庫提要稱儀注之書、屬朝廷制作。關於國典者。則入史部政書。卽此類之禮書是也。然提要稱公私儀注。隋志皆附之禮類。其言微有未核。隋志公私儀注、實皆列史部中。惟漢志於軍禮、司馬法、古今封禪羣祀、禮家議奏之書。則隸禮類耳。鄭樵通志因之。於歷代儀注、均隸儀禮。今按漢志之例。舉朝儀制作。統歸儀禮枝流。自漢

·经学源流考·
潜江甘氏崇雅堂
一九三八年版

以來。如叔孫通起朝儀。文帝時、博士諸生傳王制。後漢曹褒作漢禮。應劭著故事。晉荀顗撰新禮。宋傅隆定禮論。齊王儉制新禮。梁何佟之等撰五禮。陳張崖廣五禮。北朝魏王遂之、常褧。皆有制度儀注。齊崔昂、邢邵、皆嘗定禮。周宇文弢修五禮。隋牛宏撰江都集禮。唐以開元禮爲最著。宋以開寶禮、太常因革禮、政和五禮新儀爲最著。金有集禮。元有典禮三篇及太常集禮。明有集禮。清有通禮。兩次修輯。此列朝制作典禮之大凡也。其遞變之端。大都漢多襲秦。晉多沿魏。隋準北齊。唐因隋禮。宋本開元。金因唐宋。元與明多參考歷代。而清多因明。今宜如續輯通禮。應兼採東西禮俗。仍以不悖吾國禮。

教爲宗旨此列代修禮之大旨也他如謚法、貢舉、祀典、朝貢、紀元、學校諸作則典禮中之分科官頒私著各有成書列代諸儒并經討論凡此一科皆經與史分流而仍自合揆者也

此類儀注之條目惟鄭樵通志中、分析最詳備凡區別爲一十八種乃歷代官私專一之雜禮書也蓋分科專一之禮書其數贏於公共之通禮一體博而書簡一體狹而書繁此枝流中不可不知者○右歷代典禮之書二則

·经学源流考·

潜江甘氏崇雅堂
一九三八年版

經學源流考卷之四終

次女世珊校字

经学源流考卷之五

經學源流考卷之五

潛江甘鵬雲述

禮記學源流第八

孔氏穎達曰、禮記之作、出自孔氏、但正禮殘缺、無復能明、故范子不識殽蒸、趙鞅及魯君謂儀爲禮、至孔子歿後、七十二子之徒、共撰所聞、以爲或錄舊禮之義、或錄變禮所由、中庸是子思伋所作、緇衣是公孫尼子所制。鄭康成云月令、呂不韋所修。盧植云王制、漢文時博士所錄。初學記云禮記乃孔子門徒共撰所聞。陸氏經典釋文敘錄同、賈逵馬融王肅、皆以月令爲周公所作。胡寅曰檀弓、曾子門人檀弓作、禮運子游作、樂記子貢作、三年問荀卿所著。羅璧。曰。中庸、表記、坊記、緇衣、取自子思。樂記、取公孫尼子。學記、出毛生。案羅說與諸家多異、恐不可據、孔叢子以中庸爲子思作。賈逵以大學中庸皆子思作。朱子以大學爲曾子作。中庸爲子思作。楊愼以檀弓爲晉人作。郝敬亦以三年問爲荀卿所著。近儒邵懿辰。曰。聖門子游、特受禮運精微之說。其徒又爲檀弓上下等篇。記行禮節目甚詳。禮器、郊特牲、本一篇。以文多分之。皆子游門人所記。以示禮運之意。仲尼燕居、疑亦子游所記。又疑曲禮、玉藻、並子游之徒傳之。內則全篇本古禮經。內養老章、記曾子之言一段。乃曾氏門人所附益。曾子問篇中、子游之徒有庶子祭者數語。亦曾氏門人附記而稱之也。

·经学源流考·
潜江甘氏崇雅堂一九三八年版

大抵二戴記中子游門人所爲約有九篇。曾子自著十篇外。又有王言等篇。子夏喪服傳外。有大傳閒居等篇。宰我有五帝德等篇。子貢有衞將軍文子篇。子張有問入官篇。而三朝記諸篇。與哀公問答、不知何人所記。惟子游諸篇、皆爲小戴所取。故曾子子思聖學之正傳。而子游則禮學之正傳也。子夏兼通五經。而子游則禮學之專門也。禮經通論、其他諸篇。孔穎達氏謂皆如此例。特未能盡知所記之人。此周代至漢禮記作者之略可考者也。右禮記作者考一則、

至禮記之流傳。隋書經籍志云、漢初、河間獻王得仲尼弟子及後學者所記、一百三十一篇、獻之。時無傳之者。

·经学源流考·
潜江甘氏崇雅堂
一九三八年版

至劉向考校經籍、檢得一百三十篇。第而敘之。又得明堂陰陽三十三篇。古明堂之遺事、孔子三朝記七篇。王史氏記二十一篇。七十子後學者、六國時人也、樂記二十三篇。凡五種。合二、百十四篇。按漢志尙有中庸說一篇、陰陽說五篇、戴德刪其煩重。合而記之。爲八十五篇。謂之大戴記。戴聖又刪大戴之書。爲四十六篇。謂之小戴記。陸德明云、漢劉向別錄、有四十九篇、其篇次與今禮記同名、爲他家敘撰所取、不可謂之小戴記、漢末馬融盧植。遂傳小戴之學。復考諸家同異。去其繁重。及所敘略、而行於世。融又益月令一篇。明堂位一篇。樂記一篇。合四十九篇。鄭玄亦依盧馬之本而注焉。立於國學。參釋文敘錄、又儒林傳、稱戴聖以博士論石渠、至九江太守。號小戴。授梁人橋仁季卿、楊榮子孫。由是小戴有橋楊氏之學。後漢書橋玄傳、七世祖仁、從戴德學、著禮記章句四十九篇、號曰橋君學。曹褒傳、傳禮記四十九篇。高誘亦有禮記注。蓋小戴之學一傳橋仁。一傳楊榮。後傳其學者有高誘、劉祐、鄭玄、盧植。此漢世禮記傳授諸家之可考者也。其百三十一篇中之逸篇名、王應麟氏曾臚。今之可見者有三正記、別名記、親屬記、（近人鄭珍、曾採古書、輯成一篇、）明堂記、曾子記、禮運記、五帝記、王度記、王伯記、端命記、辨名記、（春秋正義引辨名記、以爲蔡氏、）孔子三朝記、月令記、大學志。此則在四十九篇之外之篇名。也。（隋志以四十九篇爲馬融所增、四庫提要則謂融絕不與小戴之傳、其所傳者、乃周禮、其四十九篇、在橋仁時已有之、劉向別錄亦有之、而鄭玄亦以之屬戴聖、玄爲融弟子、使融果增三篇、玄不容不知、隋志之說、不

·经学源流考·

潛江甘氏崇雅堂一九三八年版

知所本、蓋不足信也、〇右兩漢禮記學傳授一則、

朱子謂王肅議禮。必反鄭玄。故自鄭注後。王肅始有全經之注。其大要祇以反鄭氏立義而已。孫炎、鄭小同、杜寬、司馬伷、雷肅之、庾蔚之、業遵、何佟之、樓幼瑜、梁武帝、簡文帝、賀瑒、皇侃、沈重、戚袞、褚暉、劉芳、劉雋、熊安生、以及繚氏、何氏、及無名氏諸家、或爲之注。或爲之刪。或爲之評。或爲之義。或爲之疏。大都不出當時南北風習。或出入鄭王。或專崇鄭氏。皆魏晉至隋之禮記學也。其專作音義者。自鄭王兩家後。有射慈、謝楨、孫毓、繆炳、蔡謨、曹躭、尹毅、范宣、徐邈、劉昌宗、徐爰、沈重諸人。是爲禮記音義學家。衛湜曰。自晉宋而下。傳禮記學者。南人有賀

循、賀瑒、庾蔚之、崔靈恩、沈重、范宣、皇侃、（或作皇甫侃、誤、）等。北人有徐遵明、李業興、李寶鼎、侯聰、熊安生等。何止數十家。孔氏。正義。據皇侃以爲本而以熊安生補其所不備。然則孔氏蓋兼攬南北之學者也。唐代爲禮記學者。自孔氏外。有類別以治禮之一派。如唐志之禮記類聚、魏徵之類禮、元行沖之類禮義疏、陸質之類禮是也。攷魏氏之開先。自魏孫炎始改舊本以類相比。炎、鄭學之徒、乃易前編、自爲條例。張說嘗譏其有同鈔書。自後司馬伷、增革。尙逾百篇。魏氏因之更加整比。至行沖又解魏所注。勒成一家。而張說駁之。行沖復著論以自申其旨。名曰釋疑。然其說雖不行於當時。而朱子儀禮經傳通解。

·经学源流考·
潜江甘氏崇雅堂
一九三八年版

之書實隱規其故故嘗惜魏氏之書不傳是類析禮記在魏晉至唐幾成派別至於王巖則擬刋去舊文是則唐人於禮記多主更張立論也其他陸德明、賈公彥、王元度、王元感、王方慶、成伯璵、楊逢殷、皆當時義疏之流也至明皇刋定月令一卷於是移鄭注第六篇升居篇首元和十二年、又詔定禮記字例異同則又唐代國家校定此經之故事也○右魏晉六朝隋唐禮記學流派一則、

自王荆公棄經用傳以來於是禮記學家較多於周官儀禮然漢儒說禮多考禮之制度宋以後諸儒說禮則多明禮之意義而制度反疏惟朱子之學大暢橫渠之風其及門流傳至數十人而在朱子爲之則能不略制

经学源流考卷之五

度其末流，則多以空談測禮家之名物制度。元延祐科舉法、定禮記用鄭玄注。故元儒說禮，率有根據。自明永樂中、勅修禮記大全。始廢鄭注。改用陳澔集說。四庫提要謂自後禮學遂荒。然好古義者，仍不絕。此三朝禮記學之大略也。攷荆公尊用禮記之時。其自爲說禮之書。有發明有要義。文獻通考引陳氏言、謂方慤以王氏父子、於禮記獨無解義、其說尙不盡合、而暢演其三經義及字說、以作義解者。有方慤。陳暘、作解義。陸佃馬晞孟、均爲之解。陸氏更爲新說、以牽合字說。而輔廣禮記解、又多採方氏馬氏陸氏諸說。此當時新學解禮記之一派也。其他宋儒之詮發禮記者多講解之作。有邢昺、禮選劉彝、中義陳祥道、講義何述、禮記傳楊訓、禮記

·经学源流考·
潜江甘氏崇雅堂
一九三八年版

解、慕容彥達、范鍾、王炎、楊炳、莊夏、黃樵仲、吳仁傑、顏棫、王氏、均同上、韓謹、韓惇、禮記義解、李夔、禮記義、胡銓、禮記傳、陳長方、同上、何炎、禮記注、楊畿、口義、樊光遠、陳普、王氏、講義、朱申、詳解、鄭樸翁、正義、陳煥、禮記釋、許升、義解、舒璘、邵囦、禮解、諸家。其集注之作。有劉懋、集說、應鏞、纂義、岳珂、集解、余復、類說、衞湜、集說、賈蒙、輯解、黃震、讀禮記日鈔、張泳、遺說、張應辰、集解、汪自明、義林、繆主一、通考、諸家。又有論說之作。有李淸臣、禮論、張載、禮記說、章望之、禮論、黃祖舜、禮記說、蔣繼周、大義、林震、禮問、李心傳、禮辨、諸家。其專詁圖象名物者。有陸佃禮象、某氏名數要記、及外傳名物之書。其疑經破注者。有夏休破禮記。而衞湜斥其妄。及郭叔雲禮經疑。竺大年訂義。戴良齊禮辨。皆是也。然注可破。而

經不可變諸家之識蓋不及胡寅之以類相從自爲一書及朱子之輯經傳通解行己意而經之舊仍自不變也。以上宋

元儒陳澔之集說。明初用以取士。蓋澔之學、出於其父大猷、大猷師饒魯、魯爲黃幹門人、幹爲朱子門人、但澔之書、朱彝尊譏爲兔園册子、四庫提要亦稱其不知禮制禮意。無證據。無發明。是特以、朱學之、流裔、得、立元儒治禮記除注疏外最重通解集解兩派之書故程畏齋鈔禮記之法。於朱子書外專取黃氏日鈔陳櫟詳解衛氏集解三家之書而不甚推陳澔則其書在竝世人殊不取然其時、爲集注之家自陳櫟陳澔外又有彭絲集說周尚之、集義、連伯聰。集傳、至吳澄纂言出。大開變定。

篇次之風。後人遂有儼然删述者。要難免僭聖之譏。其孫承之。而有考注之作。此亦可見當時之風習也。以上元

明代。匇合諸家之書。自大全外。有魯穆、日鈔羅倫、集注王傑、集成秦繼宗、疏意薛敬之、集傳王翼明、補注戴冠、集說辨疑張孚敬、章句徐師曾、集注湯道衡、王萱、纂注王經、纂要閻有章、說禮陳榮選、集注朱道行、集思通余心純、搜義皆其倫也。此外。有明一代治禮記者則以變亂篇次疑經訂注科舉帖括三種為多。如黃乾行、日錄梁寅、類禮張洪、總類吾翕、類編王漸逵、讀禮記張岳、更定禮記湛若水、二禮經傳測柯尚遷、曲禮全經類釋陳言、禮疑祝啓同、類記劉宗周、禮經考次李如一、輯正諸家多踵吳澄之習。間或託之朱子通解。以變亂篇次者也。其陳澔、戴記存疑郝敬、通解劉績、

·经学源流考·
潜江甘氏崇雅堂
一九三八年版

正訓、何維柏、禮經辨、姚舜牧、疑問、鄧廷曾、訂補、徐師曾、集注互見、俞安國。疑問、則疑經訂注之流也。至於科舉帖括之書。則徐養相、輯覽、戈九疇、要旨、聞人德潤、要旨補、馬時敏、中說、童維巖、新裁、楊梧、觀義集訂、陳鴻恩、手書、朱泰禎、意評、許兆金、說禮約、陳褒、正蒙、邱橓、摘訓、李天植、王圻、古之賢、衷言、吳懷賢、幼學、楊鼎熙、敬業、黃啓蒙、超解、王應井、約言、大都不載經文。別標要目。循文訓釋不出。陳澔緒餘。其淺乎測經如是。且自宋人禮部韻略。凡字出喪禮者。多不載。至應鏞爲禮記纂義。於雜記、喪大小記等篇。皆缺而不釋。元陳澔曾非之。至明代。習經生業者。凡屬喪禮。皆罷而不讀。至楊氏吳氏。則逕删其文。其妄至於敢删經文。其他可想。經義考。四庫提要。曾極力。

·经学源流考·
潜江甘氏崇雅堂一九三八年版

序之。則當時經教之荒蕪極矣。至諸家之書。明人黃居中、曾一評隲其得失。其言曰。近代學禮諸家。惟黃氏日錄。邱氏摘訓。姚氏疑問。能破拘攣而伸其臆解。然黃所詳者禮數。或譏其博而寡要。邱姚逞無師之智。繆誤亦不少。若夫集注、則松陵徐氏、永嘉張氏。補注、則雲間王氏。刪注、則江都閻氏。纂注、則丹陽湯氏。或衷舊聞。或添新得。而擇不精。語不詳。瑕瑜相參。得失半焉。（沈一中禮記課兒述注序、）然則當時。於諸家之書。論者多致不滿之意。而黃氏之論定諸家。或美其能伸臆解。又或病其逞無師之智。其自相矛盾。又如是。然則明人治禮之無卓識。即此可。見也。○右宋元明禮記學流派一則、淸人之治禮記學者。其始。多沿宋。元。人之法。而加。翔實。如衛湜有集說。至杭世駿、則有續集說一百卷。陸元輔又代納蘭性德爲陳氏集說補正三十八卷。朱子爲大學中庸章句、未及全經。張孚敬之章句、書又以人斥。至王夫之爲禮記章句。始稱名家。此皆沿前世之善者。自是以來。治禮記者。漸知尊崇古訓。推究鄭學。如朱彬訓纂。萬斯大偶箋。江永訓義擇言。焦循補疏。孫希旦集解。許桂林長義。皆能矯空言禮意者之失。而古義復明。其他沿宋派。而不免失者。如方苞析疑之於文王世子、擅加删削。張沐疏略之徒取足數。徐世沐惜陰錄之疏於訓詁。姜兆錫之排擊鄭孔。陸奎勳之過於疑經。劉靑

·经学源流考·
潜江甘氏崇雅堂
一九三八年版

蓮闕疑之横生臆說。皆非至者。其他改訂篇章者。亦復稱盛。如芮城之通識。朱軾之校補吳氏纂言。沈元綸之類編。任啓運之章句。王心敬之彙編。皆其倫也。至如彭頤之省度、邱元復之提綱集解、冉覲祖之詳說。沿明人講章帖括之習。又不足論矣。○右清禮記學流派二則、

北宋以後。解禮記、多不及全書。見於衛湜集說名氏中者。如李格非精義。祇曲禮等十一篇。周諝祇解王制等十七篇。呂大臨祇解曲禮等八篇。葉夢得祇解曲禮等十九篇。邵囦祇解曲禮等五篇。新安王氏祇解曲禮等十五篇。故衛氏稱當時解義。祇嚴陵方氏。廬陵胡氏。始末全備。由是宋以後專解禮記篇章。而不釋全經者甚

多其專說曲禮者有隋王劭、宋上官均、邵囦、戴溪、汪汝懋、禮學幼範、皆類聚編定、與釋經有別、與吳澄同、明劉永澄、鄧元錫、周夢華、吳桂森其專說檀弓者有宋陳騤、徐人傑、謝枋得、陳普、明楊慎、徐應、鄭圭、顧起經、林兆珂、陳與郊、姚應仁、牛斗星、徐昭慶、江旭奇、張習孔、邵泰衢、孫濩、其中評檀弓文法者、尤居多、數其說、蓋發自東坡、專說王制者、有宋阮逸、余希文、邵囦、陳埴、元李䨲、明陳際泰、錢敫、而專說月令、則莫尚於漢人、如景鸞、高誘、蔡邕、皆有其書、自後梁繪爲圖、唐重刊定、朱竹垞曰、諸經垂世、禮記間雜秦漢之文、然一入小戴記中、羣儒恪守其說、雖以天子之尊、大會講殿、議有異同、文無更易、迨唐明皇、始命李林甫等、刊定月令、亂其篇次、增益其文、沿及宋元、說經者逞其私智、移易尚書、離析大學、筆削孝經、變置周官、出入風雅、皆唐之君臣爲之作俑也、呂不韋作呂覽時、懸之國門、人莫敢增損一字、豈意數百年後、突有弄麞杖杜不識字之李哥奴、逢君之惡、肆行改竄、幾無完文、亦可謂無忌憚之尤者已、今其改本、唐開成中石經具存、李林甫杜仲連爲詩、王涯爲圖、及纂要奏議之屬。則唐人之作也。宋明以降有范浚、劉先之、張虙、黃諫、盧翰、陳經邦、馮應京、李巨川、黃道周、錢㲄、熊過、諸家。其說曾子問者。有毛奇齡辨明堂位有方回。少儀有張九成、呂祖謙。學記有戴溪。今人有學記箋證、多以東西學制法制箋經、祭法有劉敞。孔子閒居有楊簡、黃道周於表記、坊記、緇衣、皆有傳。緇衣又有錢㲄、深衣。一篇考訂者。尤多。爲圖爲考。以闡古制。則有王普、朱子、馮公亮、鄭起、文天祥、舒岳祥、金履祥、許判、車垓、王幼孫、陳櫟、劉莊孫、程時登、汪汝懋、牟楷、朱右、黃潤玉、岳正、楊廉、左贊、潘葵、鄭瓘、夏時正、王廷相、夏言、侯一元、楊暹、吳顯、黃宗義、江永、任大椿。專說儒行者。有李覯、蘇總龜、黃道周。此皆列代分釋禮記篇章諸家之可考者。○右禮記分釋篇章之學一則、

中庸之裁篇別出。始自漢儒。漢志有中庸說二篇、是其證。隋志載說中庸者三家。一戴顒禮記中庸傳。一梁武帝中庸講疏。一大同十年、張綰、朱異、賀琛、述制旨禮記中庸義。唐李翺又爲之說。宋盛喬則纂集胡瑗中庸義。陳襄有中庸講義。喬執中有中庸義。司馬光有中庸廣義。張方平有中庸論。姚子張有中庸說。范祖禹有中庸論。蘇軾有中庸論。而宋仁宗又舉以賜新第王堯臣等。此程。朱。以前之中庸學。仍分析禮記中一篇之解說也。

·经学源流考·
潜江甘氏崇雅堂
一九三八年版

至表章大學本自宋始然亦有在程朱前者宋仁宗天聖八年以大學賜新第王拱辰等而司馬光亦有大學廣義朱彝尊謂取大學於戴記而專行之實自溫公始此程朱以前分析禮記大學別行之故事也至在程朱之後而仍持大學中庸宜還之禮記之說明有郝敬其旨謂二篇孤行於道爲空虛而無實地四十九篇別列則禮以枯瘁而無根柢近儒朱彝尊輯經義考於說大學中庸諸書均隸於禮記之後黃虞稷千頃堂書目亦然而凌廷堪、張爾岐、亦俱持二篇宜還之禮記之論宋翔鳳有大學古義之作其持誼亦各有故要亦不免門戶之私案以四庫提要所謂二戴所錄諸篇非一人之書之說則二篇別行要亦無取聚訟焉案程朱以後、說大學中庸諸家之書甚多、要皆從四書分析說之、今皆隸歸四書源流中、其程朱以前、則仍歸諸禮記、以各還其趣焉、四庫提要所謂學各有淵源、不必强合者、是也、今之區分、竊取此義、〇右程朱以前大學中庸學二則、

史繩祖學齋佔畢、稱大戴記、曾列之十四經。朱彝尊據此、定爲宋時曾列之於經。四庫提要則病其說無佐證。謂其書古不立博士。今不列學官。未可臆加經號。以二戴同源、附於禮記末、以從其類。然近儒王引之氏爲經義述聞、仍依朱氏例、列其書於禮記前。蓋從其朔而言之、則應列前。從後世立學言之、則應附諸其後也。然大戴記者、乃戴德删除河間獻王所獻、劉向所校之記、而存之者也。又戴聖删除爲禮記、後之餘也。其書中、夏小

·经学源流考·
潛江甘氏崇雅堂
一九三八年版

正篇最古。而戴氏爲之傳。其諸侯遷廟、諸侯釁廟、投壺、公冠、皆禮古經遺文。又漢志曾子十八篇久逸。是書猶存、其十、篇。自立事至天圓、篇題上悉冠以曾子者是也。其書與經子相出入者。如哀公問、投壺、二篇與小戴書、無甚異。禮察篇與經解、亦同。曾子大孝篇。與祭義相似。勸學、禮三本。見於荀子、及賈誼書。保傅篇、亦賈子之保傳、傳職、胎教、容經也。漢書謂之保傅傳、文王官人篇則與逸周書官人解相出入。夏小正猶月令也。明堂猶明堂位也。陸元輔更取校家語同者、尤多。陸氏謂七十子之徒。與秦漢老儒。傳先王之制、及孔氏之微言。而漢儒會粹之。故其書與他書多異同者。是也。其書卷第存佚、四庫提要亦略論之。其夏小正篇、故多別行。故隋志別爲卷。亦有合諸書內者。故唐志無小正之別。自後周時、盧辯已爲之注。至金馬定國又爲之辨。元吳澄又爲之序錄。清人尊崇漢學。治此者遂多。於是孔廣森爲之補注。王聘珍爲之解注。注中爲之正誤。惟姜兆錫之删翼、不逮以上三家。而分釋篇章者。清人亦較精。於曩代說夏小正者。有徐世溥、黃叔琳、張爾岐、畢沅、洪震煊、顧鳳藻、王筠諸家。釋曾子十篇者。有阮元。釋孔子三朝記者。有洪震煊諸家。多宗雅訓。故其書特佳。若前代之分釋大戴篇章、推夏小正極盛外。更有明堂投壺二篇。自戴氏爲夏小正傳後。宋傅崧卿又注之。他如張方、吳觀萬、

·经学源流考·

潜江甘氏崇雅堂

一九三八年版

朱申、史季敷、趙有桂、王廷相、楊愼、顧起經、金鏡、王猷定、黄模、皆是而解踐阼篇者。有王應麟、方孝孺、說明堂者。自漢志二家外。李謐、孔穎達、魏徵、顏師古、馮宗、王方慶、張大頤、姚璠、李龔譽、郭山惲、李覯、姚舜哲、舜仁、王炎、朱子、陳藻、惠棟、各有述作。而惠書最精博。說投壺者。有虞潭、郝沖、上官儀、史玄道、卜恕、鍾唐卿、劉敞、司馬光、王趯、朱子、方承贇、熊朋來、王惲、劉仁敏、何宗姚、汪禔、李孝先、周履靖、詹景鳳、周贇。注天圓篇者。有梅文鼎。皆大戴記分釋諸篇之學也。

大凡禮家之書。常有別行之篇目。周禮自剔除攷工記於五官外之說興。故解攷工記專篇者特多。是考工記、之、別、行、也。儀禮中、陸氏釋文稱喪服一篇、別行於世、是儀、禮、之、別、行、也。禮記以大學中庸別行。大戴記以夏小正別行。然則專篇別行。固禮家之通例。而二戴之書出自後儒之匆合。逈非周儀二禮。自然結合者可比。故裁出。別。行。者尤多。此清末禮學館臣所以有區民禮別行。之。議。也。○右大戴禮記學二則、

三禮總義第九

三禮總義、自盧植鄭玄未立名目以前。漢廷時有禮對奏議之事。爾後遂沿爲禮家議論一派。其始、漢文帝十六年、使博士諸生剌六經中作王制、謀議巡狩封禪事。又河間獻王采禮樂古事、稍稍增輯、至五百餘篇。後漢

·经学源流考·
潜江甘氏崇雅堂
一九三八年版

章和中、曹褒又作通義十二篇。演經雜論百二十篇。此蓋兼采古今。非一代之制。與叔孫通朝儀及褒所撰漢禮。有別。雖無三禮總會之名。其所議論實兼三禮而有之。歷代以來、沿此成書者甚廣。漢志有封禪羣祀、封禪議對、議奏等書。議奏者注云石渠。而隋志載有石渠禮論四卷。羣儒疑義十二卷。皆戴聖撰。其班固之白虎通、義。亦屬此類。漢以後、如景鸞、周續之、傅隆、何承天、任預、庾蔚之、顏延之、樓幼瑜、王儉、賀瑒、荀萬秋、邱季彬、賀述、褚暉、王通。唐代如李敬玄、丁公著、杜肅、張頻。宋有李從澤、王懿、何洵直、陳祥道、陳傳良、舒璘、鄭鼎新、陳普。明有吳嶽、唐伯元。清有惠士奇、凌曙、金鶚、陳喬樅、黃以周、林頤山皆。議論。典制之作也。此外又有吳商、徐廣、范甯、何佟之、董勛、董子宏、郭鴻、戚壽諸人。唐有王方慶。明有呂柟。則皆演爲問答以說之者。至若梁周捨、唐韋彤、邱伯敬、李公緒及淸之萬斯大、陸隴其、汪紱、金榜、孔廣森、杭世駿、俞樾則大義疑義羣義一派也。此皆不立三禮之名。而爲禮家。總發羣義之流派也。○右總發羣義禮學家一則、

陸德明釋文叙錄、稱鄭注周禮儀禮禮記、通爲三禮。而三禮以鄭爲主。後漢盧植傳、及漢會要、均稱盧植作三禮解詁。据此知三禮之名始自盧植、鄭玄。四庫提要稱鄭氏三禮目錄爲三禮通編之始。自鄭掇立此學目。反之者、有王肅兼治三禮。專善賈馬、而不好鄭氏者。蜀有

·经学源流考·
潜江甘氏崇雅堂
一九三八年版

李譔。宗之者、有董景道。博三禮之義。著禮論非駁諸儒。專演鄭旨。魏明帝嘗詔高才三十人。分受三禮。唐亦令王恭講三禮。幷列爲科。南北朝有范隆、陶宏景、崔靈恩、元延明、劉獻之、戚袞。唐有李元植、王恭、韋叔夏。宋有歐陽丙、魯有開、李心傳、熊慶胄、熊禾、趙敦臨。元有吳澄、蕭𣂏、韓信同。明有朱升、王廉、湛若水、夏時正、貢汝成、李經綸、鄧元錫、楊守陳、程材、袁仁、吳繼仕、柯尚遷、陳與郊、婁諒、吾哻、張怡。清代有孫自務、劉凝、張必剛、應撝謙、汪基、武億、夏炘。皆兼治三禮之學者也。其有不名三禮而稱五禮者。唐有韋彤、邱伯敬、孫玉汝。宋有殷介。集其實則一也。其不守鄭氏三禮學之名稱。而別爲二禮。學者。宋明人、常有之。其名始於宋太宗淳化時。故金人亦立周禮禮記二學。於時有成書者。如宋胡銓、趙汝談、王宗道、練来。明董彝、湛若水、李黼。皆其倫也。自鄭氏立三禮學目後。即有阮諶等爲之圖。於是賡續爲圖者。有夏侯伏朗、張鎰、梁正、聶崇義、楊杰、劉績、許判諸家。至清之孫星衍、嚴可均、皆相繼有作。聶書取六家圖而刊定之。故其書最著。皆三禮圖象家也。○右兼治三禮學家一則、

歷代禮家。有取三禮中之一二制度而輯釋其義者。則非三禮總義之全。而爲總義中之一端。如周禮儀禮禮記、一經中各有分釋篇章之例。若魏蔣濟之郊邱議、王肅之祭法明堂議、盧諶之雜祭法、范汪之祭典、干寶之

·经学源流考·
潜江甘氏崇雅堂
一九三八年版

七廟議、後養議、庾亮之雜鄉射議、顏延之之逆降議、田僧紹之逆降議、宋陸佃之大裘議、呂大臨之專編凶禮、明季本之廟制考議、清毛奇齡之昏禮辨正、廟制折衷、大小宗通釋、學校問、明堂問、郊社祫禘問、李球之郊社考辨、程瑤田之宗法小記、任啟運之朝廟宮室考、惠棟之禘說、宋緜初之釋服、俞樾之玉珮考、皆歷代類釋三。禮。制。度。諸。家。之。作。其分繪禮圖之家。如祁諶之周室王城明堂宗廟圖、梁人之冠服圖、五宗圖、宋阮逸之王制井田圖、及徐希文圖、唐禮圖等、皆禮。家。類。別。之。圖。象。也。

○右三禮類釋諸家一則、

樂學源流第十

樂之存亡、其說不一、今條別言之。有言樂亡於衰周者。班固漢書藝文志、謂禮樂二者、相與並行。周衰俱壞。樂尤微眇。以音律爲節。又爲鄭衛所亂。故無遺法。應劭云、周室陵遲。禮崩樂壞。此一、說也。有言樂亡於暴秦者。應劭謂樂遭暴秦、遂以闕亡。沈約謂秦代滅樂、樂經殘亡。劉勰謂秦燔樂經。徐師曾謂古樂經秦火之後無傳。朱載堉謂古樂絕傳、率歸罪於秦火。此又、一、說也。有言樂亡於漢初者。章如愚謂漢承秦火之餘。禮廢而樂尤甚。吳澄謂經出於漢。而樂獨亡。此又、一、說也。其言樂之存者。謂樂確有古經。特其書不傳。王應麟嘗謂攷工記磬氏疏所引、據三禮圖、知爲樂經。又以尚書大傳所引辟

·经学源流考·
潜江甘氏崇雅堂一九三八年版

雍舟張四語。即漢元始四年（四乃三誤）、所立樂經。讀漢志鮑鄭所引樂經。今其書無傳。此一、說也。其言元始所立樂經。非即古經者。四庫提要謂古籍惟禮記經解有樂教之文。書大傳所引四語。亦謂之樂。然他書均不云有樂經。其隋志樂經四卷。乃王莽元始三年所立。賈公彥氏疏所稱樂曰。當即莽書。非古樂經也。此又、一說也。有言古樂經。祇傳鏗鏘鼓舞之節者。班志稱漢興制氏以雅樂聲律、世在樂官。頗能紀其鏗鏘鼓舞。而不能言其義。六國之君。魏文侯最爲好古。孝文時得其樂人竇公。獻其書。乃周官大宗伯之大司樂章也。徐師曾本此。謂古樂經疑多聲音樂舞之節。而無詞句可讀誦記識。況懋孝亦稱孔子正樂時。樂官如摯干襄曠、皆能習其鏗鏘鼓舞唱和抗墜之節。孔子第爲釐次。無更其舊。此又、一說、也。有言詩。卽樂章。詩存。卽樂存者。宋胡寅謂孔子正樂、雅頌各得其所。詩與樂相須、不可謂樂無書。葉時亦謂樂有詩而無書。詩存則樂與之俱存。蓋古人以詩爲樂也。此又、一說、也。至朱彝尊經義考。遂折衷主持樂經。不亡。諸家之旨而爲之說。曰周官成均之法。所以教國子樂德樂語樂舞三者而已。樂德則舜典命夔教胄子數言、亦括其要。樂語則三百篇可被絃歌者是。樂舞、則鏗鏘鼓舞之節。不可以爲經。樂之有經。大約存其綱領。然則大司樂一章。卽樂經。可知矣。樂記從而暢言之。

·经学源流考·
潛江甘氏崇雅堂
一九三八年版

無異冠禮之有義喪服之有傳謂樂經於今俱存可也四庫提要又本朱氏意而約之曰大抵樂之綱目具於禮其歌詞具於詩其鏗鏘鼓舞則傳在伶官漢初制氏所記蓋其遺譜非別有一經爲聖人手定也特以宣豫導和感神人而通天地厥用至大厥義至精故尊其教得配於經合此二說而觀之然則諸家言樂經亡者固未確即主漢元始所立者據以爲樂經亦未合其他徐沈胡葉諸氏之言樂經未亡者亦祇舉其一端要終以朱氏及提要之言爲論定 ○右樂經存亡一則、

樂記之學、歷代有之孔穎達曰、公孫尼子、撰次樂記、通天地、貫人情、辨政治、此周代之樂記學也漢書藝文志、武帝時、河間獻王好儒。與毛生等、共採周官及諸子言樂事者。以作樂記。獻八佾之舞。與制氏不相遠。其內史丞王定傳之。以授常山王禹。禹、成帝時爲謁者、數言其義。獻二十四卷記。劉向校書、得樂記二十三篇、與禹不同。其道寖以益微。攷漢志著錄、兼列劉向所校二十三篇、及王禹記二十四篇外。又著雅歌詩四篇。師曠之後、雅琴師氏八篇。宣帝時、魏相所奏雅琴勃海趙定七篇。雅琴梁龍德氏九十九篇。而白虎通又引劉德有樂元語、與諸書今并佚。其劉向之二十三篇、孔穎達已據別錄、略載其目。熊朋來、吳澄、均以今樂記當之。而陳直齋、徐師曾、又以今樂記當河間獻王之書。吳氏謂刪取要略、非全文者、是也。此漢之樂記學、即周之樂記也。厥後黃裳有樂記論、邵囦有樂記解、金履祥有攷定樂記、劉濂有樂記原義、呂柟有大司樂攷、黃佐有樂記解、朱載堉有樂經新說、李文察有樂記補說、黃積慶有樂經管見、瞿九思有樂經以俟錄、張鳳翔有樂經集注、湛若水有古樂經傳、邵儲有古樂義、清李光地有古樂經傳、張宣猷有樂經內編、皆趙宋以後。樂記學之大略也。其明朱氏、張氏、及清李氏、張氏四家之書、蓋意在補樂經之佚。其金氏、則取樂記釐析其章句耳。○右歷代樂記學一則、

文獻通考引陳氏之言曰、劉歆班固雖以禮樂著之六藝略。要皆非孔之舊也。然三禮至今行於世。猶是先漢。

·经学源流考·
潜江甘氏崇雅堂
一九三八年版

经学源流考卷之五

舊傳而所謂樂六家者影響不復存矣竇公之大司樂章、既已見於周禮河間獻王之樂記、亦已錄於小戴則古樂已不復有書而前志相承乃取樂府、教坊、琵琶、羯鼓、之類、以充樂類與聖經幷列不亦悖乎考著錄諸家其取錄最博、分析至繁者莫如鄭氏通志區樂類爲樂書、歌辭、樂府題解、曲簿、聲調、爲五總類又區鐘磬、管絃、舞、鼓吹、琴、樂緯爲六分類凡十一種焦氏經籍志既引陳氏之説、以明流別仍依鄭氏之類目、以綜羣書蓋自隋志以後無斷限久矣於是朱氏經義考嚴其斷限於樂類、但取諸家説樂記經傳之書即律呂雅樂諸家之書亦不著錄而四庫提要、亦以漢氏以來、兼陳雅俗爲病。乃。加。以。區。別。凡。辨。律。呂。明。雅。樂。者。仍。列。於。經。其。謳歌末。技。管。絃。繁。聲。均。退。列。詞。曲。雜。藝。兩。類。中。今。據。諸。家。區、樂。經。之。流。別。歷代以來、有專、言、樂、理、樂、本、一、派。即。朱氏所列說樂記諸家是也。言。聲。音、器、數、爲、一、派。即。四庫著錄律呂諸家是也。是。二。派。者。乃。樂。家。之。正。則。其。言。後。世。樂。器。樂。章。一。派。則。鄭。樵。所。析。十。一。類。半。屬。此。兩。端。而。四。庫。提。要。所。劃。歸。雜。藝。詞。曲。之。二。種。亦。即。此。派。其。於。樂。家。蓋。枝。流。之。枝。流。矣。○右樂之枝流一則、

經學源流考卷之五終　　次女世珊校字

經學源流考

·经学源流考·

潜江甘氏崇雅堂
一九三八年版

經學源流考卷之六

潛江甘鵬雲述

春秋學源流第十一

孔子修春秋所依據者、有二說。有云據百二十國寶書者。閔因（閔春秋序云、孔子使子夏等十四人、求周史記、得百二十國寶書、九月經立、）徐彥（徐云、古者謂史記爲春秋、孔子未修之前、已謂之春秋矣、据百二十國寶書以爲春秋、非獨魯也、）之說也。其云因魯史記而作者。趙岐、盧欽、隋志、陸德明、顏師古、蘇軾、呂大奎、家鉉翁、邵寶、王守仁、諸家之說也。閔徐之說與嚴彭祖同。嚴氏謂孔子將修春秋。與左邱明乘如周觀書於周史。歸而修春秋之經。趙氏諸人之說與班固同。班氏謂仲尼以魯周公之國。禮文備物。史官有法。

·经学源流考·

潜江甘氏崇雅堂一九三八年版

故與左邱明觀其史記、以作春秋合二者觀之意者孔子雖本魯史或於寶書亦有參酌故漢儒各依其一說歟證以劉知幾周禮之故事魯國之遺文夫子因而修之之說而益信魯史者未修以前史官之舊文（劉克莊曰、春秋、史官之舊文也、）韓起之所見公羊所云不修之春秋、是也寶書者墨翟所云吾見百國春秋凡羊舌肸之所習申叔時之所教者、是也劉彝謂古者編年之史皆曰春秋葉適謂上世之史皆名春秋蓋春秋爲當時歷史之統名朱氏彝尊據墨子、謂百國春秋之名僅存其八大都孔子不廢參稽惟魯史與諸國迥不同故韓宣子贊之謂周禮在魯黃澤所謂春秋凡例、本周公遺法孔子所由主據之也。至孔子。修春秋。之斷限。顧炎武氏所謂春秋不始隱公。惟隱公以下、史失其官。故孔子懼而修之。則惠公以上之春秋。固孔子所善而從之者也。又有修策書。不修簡書之說。四庫提要謂孔疏稱大事書於策者。經之所書。小事書於簡者。傳之所載。觀傳之所載晉史齊史之書及甯殖所謂載在諸侯之籍者。其文體皆與經、合。墨子所載周燕宋齊春秋。其文體皆與傳合。經傳同。因國史而修。孔子修經。知其但修策而已。若陸德明謂其與魯君子左邱明、觀書於太史氏。嚴彭祖班固、均如此說、因魯史記而作春秋。上遵周公遺制。下明將來之法。褒善黜惡。勸戒。十二公之經。是修書時與孔子同。搜取材料之

·经学源流考·

潛江甘氏崇雅堂一九三八年版

人也。孝經鉤命决謂孔子以春秋屬商。班固謂其口授弟子。杜預謂左邱明受經於仲尼。荀崧謂左邱明子夏、造膝親受。又孔子時同受經之人也。至孔子歿後。此經。遂分二派。一以口授。一藏壁。中以口授者。爲今文。藏壁中者。爲古文。一則公羊穀梁。一則左氏也。○右孔子修春秋之依據、及其傳授一則、

左邱明者。論語注以爲魯太史。提要云、今仍定左傳爲邱明作、其作傳之由、則劉知幾躬爲國史之言、最爲確論、案左氏、或以爲史官、或謂楚人、或謂魏人、或謂卽左史倚相、或以爲六國時人、朱竹垞則以爲孔子弟子、今仍据論語注及提要之說爲定、昔孔子以十二公之經授弟子。弟子退而異言。邱明恐弟子各安其意。失其眞。故論本事而作傳。明夫子不以空言說經也。春秋所貶

損當世君臣。其事實皆形於傳。故隱其書而不宣。所以免時難也。參漢志及釋文之說、左氏作傳以授曾申。申傳吳起。起傳其子期。期傳楚人鐸椒。椒作抄撮八卷、授趙人虞卿。卿作抄撮九卷、傳同郡荀卿。卿傳武威張蒼。蒼傳洛陽賈誼。誼有訓詁之作、傳其孫嘉。嘉傳趙人貫公。貫公傳其少子長卿。長卿傳平陽張敞、及清河張禹。禹數爲蕭望之言之。傳尹更始。更始傳其子咸、及翟方進、與胡常。咸與方進傳劉歆。方進又傳田終術、翟宣。常傳賈護。歆傳鄭興、及賈徽、有條例之作、孔奮、桓譚、李守、丁隆。護傳陳欽。有陳氏春秋、徽傳子逵、與鄭興。稱鄭賈之學。奮傳子嘉。欽傳子元、及王莽。逵傳崔瑗。元傳馬嚴。鄭衆本歆再傳。衆又

·经学源流考·

潜江甘氏崇雅堂
一九三八年版

傳安世。又有堂谿典傳延篤。延篤又受於逵之孫伯升。因爲之注。又有謝該傳樂詳。門人至數千百人。又有劉子奇、傳士燮。有白侯子安、傳張昭。有李仁傳子譔。有王朗傳子肅。皆左氏春秋。傳授之可攷者。逵有長義及訓詁。元有異同。衆受父學有條例、及長義、章句。馬融有三家異同。孔奇有義詁。孔嘉有說。許淑、服虔、王朗、王基、董遇、周生烈、並有注解。李仲欽有指歸。潁容有條例。皆漢晉人。左氏傳注之可考者。他如魯人柏公、劉公子、房鳳、馮異、王龔、李封、許惠卿、高彪、許伯升、張恭祖、崔烈、鄭玄、張馴、王玢、彭汪、宋忠、邊讓、許公、來敏、關長生、高貴鄉公、李斂、尹默、嵇康、曹耽、杜寬、李典、楊俊、潘濬、賈洪、高岱、杜預。皆通春秋左氏學之家數也。載於洪氏通經表者至詳。

漢人之學春秋。有申左。非左。兩派。其始河間獻左氏、公羊之徒詆之。繼劉子政子駿伯玉皆好之。而蕭望之、翟方進、尹咸、皆善其義。至東漢而陳元范叔上書、極申其義。鄭興父子、賈逵、皆作大義。以詆公穀之短。申左氏之長。而康成又箴何休左氏膏肓。士燮又有長義。此申左。一派也。孝武時。公羊之徒詆左氏。後漢李育有難左氏義。戴宏有難左之解疑論。何休羊弼有左氏膏肓。此難左。一派也。其爲左氏異同之學者。則陳元與馬融也。凡此者。皆因先有公穀兩家立學。左氏晚出。或申或難。皆

·经学源流考·
潛江甘氏崇雅堂
一九三八年版

由此起故當時治左氏與非左氏之風習如此○右戰國兩漢春秋左氏學傳授、及其流派、二則、

曹魏之世賈逵服虔之訓解盛行於世至杜預以左癖主張左氏學公穀之學於是寖衰然預作集解乾沒賈服之說所作春秋釋例不免稍有舛誤其時有劉寔、作牒例劉兆作全綜京相璠作土地名孫毓作義注及賈服異同徐邈、荀訥、李軌、則爲之音而干寶之函傳義黃容之鈔左氏皆征南一派之學也南北朝時服杜兩家屹立門戶江左雖服杜俱立國學然偏崇杜注惟梁崔靈恩作條義、申服難杜虞僧誕復申杜難服、以答之同時之爲左氏學者頗知以賈服之義難杜而王元規繼

经学源流考卷之六

之此爲僅見故北史有河外諸生俱服膺杜氏之說南
史有左傳服解不爲江東所行之說寖久寖忘於是隋
志有杜氏盛行服義寖微今殆無師說之歎其北朝之
學者史稱河北諸儒通春秋者並崇服子慎徐遵明傳
服注作春秋章義傳其業者有張買奴諸人而馬敬德
邢峙張思伯張奉禮張彫劉晝鮑長宣王元則皆得服
之善衛凱陳達潘叔虔並爲之解其時杜注以其元孫
垣之傳行於齊地故服杜二家互相攻李炫劉焯咸宗
服注衛冀隆亦申服難杜凡六十三事賈思同復駁冀
隆姚文安秦道靜復排斥服注二人蓋始學服氏後尊
杜注者也劉休和劉獻之更申服義以難之周樂遜作

·经学源流考·
潜江甘氏崇雅堂
一九三八年版

序義。李崇祖作釋謬。亦申賈服、排杜注。而劉炫述義。及張沖義例之作。咸與杜注立異。此北學之大略也。其時南方治左氏學者。尚有謝莊、何始眞、王延之、簡文帝、劉之遴、沈文阿諸人。皆當時流派之可考者也。唐代際杜盛服微之後。孔穎達作義疏。遂參用沈文阿蘇寬劉炫之說。專用杜注。而漢學至此盡亡。至徐文遠義疏、又多立新義。而陰宏道王元度、亦爲是學。然自是以後。有啖助作集傳例統。趙匡作闡微義統。陸湻作集注等書。專以己意說經。而掊擊三傳。遂成春秋家之別派。至盧仝摘微。呂棨遂有三傳束高閣之言。而其弊極矣。然其時篤守左氏者。尙不乏人。如施士丐、許康佐、高重、李謹、裴安時、陳岳皆其倫也。

沈欽韓左傳補注序、謂賈逵詘左不盡括左氏之長劉炫規杜不足仆杜預之短於是爲左氏陳其四厄謂漢儒喜公穀騶夾至范升何休而極爲一厄杜預王肅鑿空絕智爲二厄江左輕浮尙王杜中原敦龐師服鄭三百年中崔衞並美至孔穎達復奉僞孔與杜預爲三厄啖趙陸劉之徒以左爲質的南宋習尙不可言元明以來此制廢爲四厄此皆申左家言亦可藉以覩左氏廢興之故矣。○右魏晉六朝隋唐春秋左氏學流派二則、

宋人之春秋學亦有沿唐人排比事類之習者如章沖左傳類事始末之類凡十餘家皆無關經傳要旨惟孫

·经学源流考·
潛江甘氏崇雅堂
一九三八年版

復本陸淳而自增新意廢傳從經爲尊王發微慘鷙深刻論者至比之商鞅之刑及弁灰爰有賈昌朝節解、王晳皇綱論、蕭楚經辨、皆發明尊王之旨薛大觀、朱恮、亦衍其學劉敞春秋傳、及許翰集傳等作皆評論三傳得失而斷以己意極其弊至謂三傳皆不足信謂經爲斷爛朝報之荊公而止亦可見當時風習之悍矣於時衍啖趙之習幷及孫復者有章拱之(統微)、杜諤(會義)、趙瞻(春秋論)、朱臨(私記、統例)、朱長文(通志)、劉易(經解)、余安行(新傳)、呂本中(集解)、諸人而葉夢得(春秋傳、及考讞等作)、高閌(集註)、范士衡(尊經傳)、王汝猷(外傳)之書咸排斥三傳時有劉砥至請溫公白上廢三傳而行其書至陳傅良作後傳則又雜糅三傳蕩弁家法伊川爲春秋傳、世多稱之、遂爲高閌所本。劉絢、羅從彥、皆傳其學。胡安國本師伊川。其爲春秋傳。與孫覺合者又十六七。其借經文以諷時事。詬之者至稱爲宋之春秋。其子甯傳之。亦與經旨多不符。戴溪春秋講義、亦然、然自陳深王葆尊其書。益以元儒俞皐汪克寬幷主其說。明代大全本之。遂頒爲一代之功令矣。張洽集說、曾同胡傳並列學官。然大抵與高元之、義宗黃仲炎、通說趙鵬飛、經筌、洪咨夔、春秋說、家鉉翁、詳說、之書。咸舍事言理。弃傳言經。而以元人。程端學最甚。有本義等作、其時以左氏爲主。有蘇轍、集傳、呂祖謙、有傳說等作、林栗、集解、石朝英、有約說等作、李孟傳、左氏說、趙彥秬、發微、王柏、正傳、呂大圭、或問、諸人。其本左氏事實爲書者有馬

·经学源流考·
潛江甘氏崇雅堂
一九三八年版

之純、紀事 徐得之、國紀 孫調、事類 陳琰、世系本末 王綽、傳紀 程公說、分紀 李琪、列國世紀編、康閼、左史傳、章沖、見前 王當、列傳諸臣傳、鄭昂、臣傳 沈括、紀傳 句龍傳、紀事本末 諸人。其爲圖譜表例者。圖有鄭壽、沈滋仁等。譜有孫子平、練明道等。表有楊彥齡、韓瓚等。言例者較多。有劉敞、趙瞻、朱臨、崔子方、林之奇、畢良史等。以上各派。亦間有兼三傳者。此宋代春秋學暨左氏傳之大都也。元之本左氏事實爲書者。有劉淵、紀事本末 徐安道、事類 齊履謙、統紀 安熙、綱目 曹元博、左氏本末 汪克寬、分紀 諸人。主左氏。爲說者。有敬鉉、遺說 葉正道、竅斑 吳迂、義例 李昶、遺意 楊維楨、君子議 趙汸、補注 王廉、鉤元 諸人。其爲集傳集注者。有郝經、胡炳文、俞皐、單庚金、王元杰、馮翼翁、鄧漘翁、方道壑、曾震、吳儀、李廉、趙汸、汪克寬諸人。而趙氏最爲當時所推。其類括之書。有王申等五家。圖則有吳萊、胡炳文等。例則有李應龍、黃澤等。此元人之春秋。并左氏學也。明代自胡廣等爲集傳大全。專崇胡傳。爾後爲集傳集注之書。并採諸家者。則劉實、（集錄）饒秉鑑、（會傳）袁顥、（春秋傳）桑悅、（集傳）湛若水、（正傳）王漸逵、（集傳）楊時秀、（集傳）王樵、（輯傳）董啓、（補傳）張銓、（補傳）蕭良有、（纂傳）梅之熉、（因是）錢時俊、（胡傳翼）陳士芳、（四傳通辭）是也。其類括事實。率依左氏者。有朱右、（類編）傅藻、（本末）劉節、（列傳）魏校、（經世書）施仁、（類纂）唐順之、（始末）吳國倫、（世譜）傅遜、（屬事）薛虞畿、（別典）姚咨、（名臣傳）張事心、（人物譜）龔持憲、（列國世家）曹宗儒、（序事本末）徐鑒、（始末）王世惠、（左氏兵法）陳禹謨、（左氏兵略）陳可言、（經傳類事）孫范、（分國紀事）章大

·经学源流考·
潛江甘氏崇雅堂
一九三八年版

吉、（左記、）張國經、（比事、）黎遂球、（春秋兵法、）宋徵璧、（兵法測要、）劉城、（地名人名錄、）楊愼、（地名考、）諸家。其主左氏爲義者。有郭登、包瑜、邵寶、劉績、李舜臣、陸粲、石琚、汪道昆、王錫爵、穆文熙、傅遜、王升、李景元、凌稚隆、錢應奎、黃洪憲、李廷機、吳從周、戴文光、王道焜、諸家。蓋其時功令雖主胡傳。而研求左氏學者。反多。且陸粲之辨疑。袁仁之鍼胡。楊于庭之質疑。何其偉之胡諍。方紛紛攻詰胡傳矣。其著名非左者。祇郝敬一家。然其說春秋之極弊。至變亂左氏次序。如王震之參同。而武斷至極。至季本私考。而鑿空杜撰。亦至極。然三朝諸家中。復有晁公武之故訓傳。魏了翁之要義。馮時可之討論。待釋。皆以訓詁爲宗。是又古說之未盡湮。

者矣。四庫提要叙錄曰。諸儒之論。中唐以前則左氏勝。啖助趙匡以逮北宋則公羊穀梁勝。孫復劉敞之流。名爲棄傳從經。所棄者特左氏事迹。公羊穀梁日月例耳。其推闡譏貶。少可多否。實陰本公羊穀梁法。猶誅鄧析。用竹刑也。即是論以推春秋三傳之廢興。蓋互爲勝負。非可專以面目究其變態也已。○右宋元明春秋左氏學流派一則、

淸初說春秋者。仍多沿宋儒空言說經之例。孫承澤、程傳補、姜希轍、統箋牛運震、春秋傳、魏樞、管見、王心敬、原經、張自超、宗朱辨義、方苞、通論、俞汝言、平義、糾正、葉酉、究遺、諸家皆然。其兼採四傳。斷以己意者。如張爾岐、傳議應撝謙、集解張希良、大義朱軾、春秋

·经学源流考·
潜江甘氏崇雅堂
一九三八年版

鈔、李文炤集傳、等之類。皆是。然有漸歸翔實者。如孫鼎和彙譜、朱鶴齡集說、日鈔、魏禧經世評、陳許廷典略、錢塈志、禮馬驌事緯、蓋多注意事實。然以家法繩之。要不能悉歸純粹。又如毛奇齡簡書刊誤等作。以經文爲綱。不免鑿而無法。萬斯大隨筆、雖據禮經。亦不免穿鑿。惠士奇春秋說。雖能以典禮說春秋。其義蓋本於宋張大亨五禮例宗、見林伯桐春秋風俗凡例、此法實開近人以禮說三傳之先聲。然則。近。人。雖。曰。崇。漢、學。其實。則。宋。學。也。然不免糅雜。三傳顧棟高春秋大事表。世許其博大精深。然藍本事緯。於著書之例未嚴。其專治左氏爲之補注者。有顧炎武、蘇本潔、惠棟、馬宗槤、姚鼐、沈欽韓、梁履繩、諸家。其補疏者。有沈彤、焦循、劉文淇、諸家。其輯古義者。有馬宗

经学源流考卷之六

槤、李貽德之輯賈服注。臧壽恭之輯左氏古義。洪亮吉之左傳詁。邵瑛之劉炫規杜持平。其雜撰。歷考表譜。及地名。人名之書。則有烏程汪氏之補長歷。姚文田、施彥士、范景福、孔繼涵、鄒伯奇之考朔閏。王夫之、高士奇、江永之考地理。吳守一之考日食。陳厚耀、李淇之爲世譜。王引之之考姓氏名字。林伯桐之考風俗。程廷祚之考地名人名。皆有述作傳世。其有專主左氏。以考事實者。有湯秀琦、（春秋志）、華學泉（類考）、姜兆錫、（事義慎考）、顧宗瑋、（事類年表）、諸家。然科舉盛時。諸生日趨簡易。羣習胡傳。其成書者。有金甌、（正業）、毛奇齡、（修貫篇）、王源、（或庵評三傳）、田嘉穀、（春秋說）、馮季驊、陸浩、（左繡）、李文淵、（左傳評）、張氏。（春秋說苑）、其意與元人春秋作義、

·经学源流考·
潜江甘氏崇雅堂
一九三八年版

要、訣。明人春、秋、明、經、同則於經。義無。關而。爲是。經之。下。乘矣。○右清春秋左氏學流派一則、

春秋外傳國語者。自史公以下。皆以爲出自邱明。故國。語者。左氏之枝流也。惟劉炫、陸湻、王應麟、以爲非邱明作、漢儒之於國語、曾撰傳注者。有鄭衆章句、賈逵解詁。二儒皆左氏家也。乃兼解國語。可知是書爲左氏一家之學矣。爾後王肅、虞翻、唐固、韋昭、孔晁均爲之注。唐柳宗元爲文得力國語。乃作非國語。掩古以自彰。特蘇明允藏弆國策之習耳。東坡欲非子厚。而江端禮爰撰非非國語之書。劉章、虞槃、曾于乾皆有是作。而林槩、戴仔、又爲之辨。葉眞又有是國語之作。其旨同也。爲之音者。有宋庠、魯有開、及

某氏、三家。張九成、呂祖謙、皆以類。區之。沈虛中爲之要略。穆文熙爲之舉槩。張邦奇爲之釋。劉城爲之考地名人名。近人黃模有補韋。顧廣圻有考異。汪遠孫有校注本三種。洪亮吉有注疏。龔麗正有韋注疏。董斯坦有正義。陳瑑有翼解。皆歷代之爲國語學者也。宋以後經學家。常有專即春秋一義。或一事。立爲論說。如辨正春王正月。自蘇軾以下凡數十家。其他自託始魯隱。與絕筆獲麟諸要義。宋元明及近儒立爲論說者甚多。是亦如他經。之有分釋。篇章之學也。經義考皆附目春秋之末。

○右左氏傳支流一則、

戴宏、荀崧、梁武帝、徐彥、皆以齊人公羊高親受經於子

·经学源流考·
潜江甘氏崇雅堂一九三八年版

夏其初皆由口授其說蓋原於班固漢志所謂末世口說流行故有公羊穀梁鄒氏夾氏之傳鄒氏無師夾氏有錄無書故不顯於世此其所以爲今文之傳授也考公羊之先傳中所引有子沈子、司馬子、子女子、子北宮子朱彝尊謂凡冠子氏上者著其爲師也則公羊亦不第從子夏問矣顧炎武因傳中後師太多、疑其傳不盡出公羊子、高傳子平平傳子地地傳子敢敢傳子壽當漢景帝時壽乃共弟子胡母子都著於竹帛胡母生題親師曰公羊不曰卜氏參戴宏徐彦陸德明說、是胡母生以前但有口說自著竹帛後始垂之文字也胡母生傳東平嬴公、菑川公孫、蘭陵褚大、廣川段仲溫、呂步舒而嬴段呂氏、又皆董仲舒弟子嬴

公守學不失師法授東海孟卿及魯眭宏（宏、一名孟、）琅琊貢
禹禹又兼事眭宏宏授下邳嚴彭祖及薛人顏安樂由
是公羊有嚴顏之學宏雖有弟子百餘人但許春秋之
意在嚴顏孟卿以授疏廣貢禹以授堂谿惠彭祖授琅
琊王中中授公孫文、東門雲、馬宮、左咸安樂授任公冷、
豐、劉向、王彥、莞路路又事疏廣傳孫寶堂谿惠授冥都
故顏氏復有莞冥之學此皆胡母生之傳也其時受彭
祖傳嚴氏春秋者又有甄宇傳子甄普普傳承又有程
曾、傳顧奉又有傳嚴氏之丁恭恭傳樓望、承宮、樊儵、鍾
興儵又傳李修、夏勤、張霸霸又傳劉固、段著、孫林、張楷
承宮又受嚴氏學於徐子盛惟孔宙受嚴氏學其徒至

·经学源流考·

潛江甘氏崇雅堂

一九三八年版

盛。自陸暹以下五十三人。洪氏、傳經表、皆著之。其他李章、樊敏、馮氏、嚴訢、孔龢、皆嚴氏學。此又嚴氏之傳授最優盛者也。至魯峻、干氏、丁直、馬萌、呂圖、吳盛、誠屯、夏侯宏、嚴幹、張裔、孟光、則又均傳顏氏學者也。董仲舒之學。傳吾邱壽王、嬴段、呂氏、眭宏、鮑敞、諸人。又有羊弼、傳何休。綦毋君、傳趙昱。其他若桓寬、申輓、伊推、宋顯、楊終、許廣、張元、班超、馮緄、王輔、戴宏、尹宙、閔因、周澤、則皆通公羊氏學者。溯自公羊之學立於景帝。至武帝時。而大盛。其盛時學者皆阻左氏。不得立。其後至東漢。左氏漸興。公羊與穀梁漸替。隋志曰。後漢公羊與穀梁並立。晉時。公穀但試讀文而不能通其義。至隋寖微。今殆無師。

說此可見西漢時公穀盛而左氏衰東漢後反之其互爲廢興約略可睹矣漢人公羊家之述作班志有外傳、章句、雜記三種胡母生有條例仲舒有繁露、決事、決疑論等作嚴彭祖有傳顏安樂有記其他馮君、冥都、閔因、皆有書鍾興、樊儵、張霸、楊終、李育、應劭、荀爽、何休、亦然而休之述作尤盛今傳於世董氏、應氏則又主以斷事決獄近人龔自珍因有決事比之作焉三國時唐固有注鮮于公、刁氏、皆治其學晉劉兆、王接、王愆期、孔衍、江熙、高龍、皆治此學者李軌、江惇、則爲公羊音者劉宋以降唐志僅著錄孔氏集解一家而已隋志之言不益信哉

○右周秦兩漢魏晉春秋公羊學傳授一則、

·经学源流考·
潜江甘氏崇雅堂
一九三八年版

陸氏釋文敘錄曰、左氏盛行。二傳寖微。近代無講者。恐其學遂絕。故爲音以示將來。韓愈答殷侑書曰、近世公羊學幾絕。何氏注外。不見他書。唐初至中葉後。公羊家衰絕。二氏之言。大略可睹。自陸氏爲釋文外。殷侑始有注。徐彥始有疏。他皆不見。宋代說公羊專家。陳德甯有新例十四卷。章樵補注繁露十八卷。釋贊甯駁繁露二篇。元代無之。明人吳廷舉、有繁露節解。陸曾㬥有春秋所見所聞所傳聞三卷。用公羊三世義爲書。華允誠春秋說、多主公羊義。其他無聞。然則四朝公羊學之絕響。已非一日。即此可見矣。○右唐宋元明春秋公羊學流派一則、

清人治公羊學者。以孔廣森通義。爲先河。何氏解詁、本

多專己之病。至孔氏。則會通禮制。不墨守何氏一家之言。即何氏之義。推而廣之。約而精之。有功經傳之作也。淩曙既作繁露注。復作公羊禮說。公羊禮疏。公羊問答。亦以禮爲綱。弟子陳立。推廣其義。既作白虎通疏證。復作公羊正義。陳奐因之作公羊逸禮考徵。亦以禮說公羊。意至平實。此近人以禮說公羊一派之學也。莊存與作春秋正辭。始剏通公羊大義之學。其甥劉逢祿。復作何氏釋例。褚寅亮有公羊釋例三十卷、何氏解詁箋。又作論語述何。及發墨守評。箴膏肓評。穀梁廢疾申何。皆一家之學也。其旨則皆以排斥左氏穀梁之說。而宋翔鳳、魏源、龔自珍、及湘潭王闓運、井研廖平。咸以公羊義說羣經。多舍

·经学源流考·
潛江甘氏崇雅堂
一九三八年版

大義而究微言至今人春秋董氏學而極張文襄以近二十年都人經學講公羊遂釀成今日之世變其利病可知此外馬宗槤、姚鼐、皆有補注之作何若瑤有公羊注疏質疑二卷○右清春秋公羊學流派一則、

公羊齊學穀梁乃魯學（亦云、左氏穀梁、皆屬古文學、）自穀梁赤、（尸子云、一名俶、縻信以爲秦孝公時人、）受經於子夏爲經作傳傳孫卿卿傳魯申公申公傳瑕邱江公傳子至孫皆爲博士博士傳胡常常傳蕭秉江公又傳魯榮廣及澔星公廣傳周慶、丁姓、蔡千秋千秋又事澔星公而傳之申章昌尹更始更始傳尹咸、翟方進、房鳳鳳傳侯霸皆漢人傳授之可考者也又有史高、王亥、鍾甯、段肅、文翁、張寬、路溫舒、息夫

躬、朱買臣、嚴助、楊惲、雋不疑、于定國、劉向、馮奉世、及子立、寇恂、逢萌、周黨、荀悅、張浩、沈珩、虞溥。皆通穀梁學之。人也。穀梁之學大盛。於武帝甘露中。漢志載有外傳章句之書。尹更始有章句。段肅有注。皆漢儒。是書傳注之。學也。魏以後。麋信、唐固、劉兆、張靖、程闡、孫毓、孔衍、江熙、胡訥、劉瑤、皆有注。而以范甯集解。行世最久。他如虞溥、聶熊、薄叔玄、并隋志之穀梁注義三家。及沈仲義、蕭邕、孔氏三家。皆隋以前穀梁家學也。然漢以降。傳穀梁者。及作注者。往往兼學公羊。可見二傳之相表裏。故當時盛。則并盛。廢則并廢。陸德明稱江左中興。立左氏博士。荀崧奏請兼立二傳博士。詔許立公羊。云穀梁淺薄不

·经学源流考·
潜江甘氏崇雅堂
一九三八年版

足立。然則。穀梁之學。與公羊。并衰於六朝。則宋。齊。後。其學。寖。亡。非無故也。此隋志。所由。嘆其寖微乎。○右周秦兩漢魏晉六朝春秋穀梁學傳授一則、

隋志稱穀梁至唐、無師說。陸德明稱近代無講者。故唐。代。是傳。爲之。疏者。惟楊士勛。一家而已。宋鄭綺有穀梁合經論。揭傒斯稱其多發摘微詞。陳德甯亦有穀梁新例六卷。其時趙鵬飛春秋經筌自敍。盛推范甯其稱穀梁精深。本其說爲春秋經解十三卷者。則孫覺也。覺從胡安定游。故尊崇古經義。當時亦重其書。張文襄遂取其書、著錄穀梁學中。見書目答問、元人無書。明人但有李舜臣穀梁三例一家而已。○右唐宋元明春秋穀梁學流派一則、

穀梁古注久亡。范書亦是非互見。世但取其立心公正可師而已。趙鵬飛亦以是推之。近人治是傳則皆崇古學。其輯古義者有邵晉涵古注。洪亮吉公穀古義。柳興宗穀梁大義述。其爲注疏者姚鼐有補注。馬宗槤有疏證。梅毓作正義。其書未成。侯康之禮證。則以禮說之。許桂林釋例則明例之書也。是爲淸人之穀梁學。○右淸

春秋穀梁學流派一則、

歷代春秋之學。有專主一傳者。有兼二傳。三傳者。兼二傳者多合公穀治之。唐以後且有三傳幷斥而自立一傳者。於是有四傳五傳之目。宋元明及淸初似此雜列者尤多。欲加分析頗難區別。惟統以春秋而已。西漢諸

·经学源流考·
潛江甘氏崇雅堂
一九三八年版

儒。有傳春秋、未詳所受者。傳經表皆統以春秋。附三傳傳經之末。如焦永傳樂恢。恢傳趙牧何融。又有張甯傳朱倉、皆是。其鄒氏春秋。王吉受之。夾氏則無傳。二氏皆口說之學故也。至建武中。幷絕。當西漢時。衛太子受公羊。復私問穀梁而善之。爲公穀幷學之始。嚴彭祖本公羊家學。七錄又載其左氏一圖。是又二傳兼學者也。甘露中、開殿中大議。平公穀異同。鄭興少學公羊。晚善左氏。李育亦習公羊、而兼讀左氏。但不宗左耳。此漢人於三傳比較申駁之風所由盛歟。賈逵有春秋三家經本訓詁。馬融有三傳異同說。賈馬服立三傳幷治學。目與鄭氏。盧氏。服立三禮學。名目同。至何休。鄭玄幷立三傳。

而申駁之皆兩漢三傳兼治之學也魏氏以後或條別三家異同得失或合三家而作調人或於一傳之中申駁各家之傳注韓益、氾毓、劉兆、王長文、胡訥、劉之遴、潘叔虔、辛子馥、劉獻之、辛德源、李謐皆六朝三傳兼治之學也唐啖助之春秋集傳亦并三傳而歸春秋之流惟與趙陸二家但以務申己意爲說故不得歸諸三傳之倫然其議論三家異同得失者有馮伉、劉軻、韋表微、陸希聲、陳岳、李氏諸家宋代則兼三傳者往往並及啖趙陸及同時孫復、劉敞、胡安國之學亦有純取三傳者更有專事掊擊三傳者如王沿、賈昌朝、李堯俞、丁副、孫立節、于正封、余安行、晁說之、葉夢得、呂本中、句龍傳、吳曾、

·经学源流考·
滘江甘氏崇雅堂
一九三八年版

呂祖謙、王日休、胡箕、陳宓、陳思謙、劉伯證、趙善湘、王應麟、蕭之美、諸家、是也。其書、皆、詳、經、義、考。金有敬鉉。元有郝經、陳棟、兪臯、單庚金、程端學、張樞、鍾伯紀、黃澤。明有顧起經、黃智。至歷。代。之。兼。公。穀。兩。家。學。者自唐固劉兆後。南朝有江熙、孔衍。北朝有李鉉。隋志有二傳評一家。唐有楊士勛之考異。成玄之總例。宋有楊泰之之傳例。元有黃景昌之舉傳。清有姜兆錫之彙義。其立。四。傳。五。傳。諸。傳。之。名。以。成。書。者。宋范隱之有五傳會義。元程直方有諸傳考正。曾震有春秋五傳。吳儀有五傳論辨。李廉有諸傳會通。明朱睦㮮有諸傳辨疑。張岐然有五傳平文。陳士芳有四傳通辭。陳肇曾有四傳辨疑。來集之有四傳權衡兪汝言有四傳糾正則宋以後諸家雜傳並行以來之匇合也至淸之爲春秋總義學者則多以實事求是爲主若毛奇齡之毛氏傳洪亮吉之十論郝懿行之春秋說略侯康之春秋古經說陳熙晉之春秋規過考信春秋述義拾遺李調元之春秋三傳比林春溥之春秋經傳比事桂含章之春秋比事參議張應昌之春秋屬詞辨例編皆是而王夫之之春秋世論鄧顯鶴之春秋目論則東萊左氏博議之流顧氏大事表尤稱閎博其趙坦之春秋集古傳注及三傳異文箋李富孫三傳異文釋錢塘三傳釋疑皆與前代攻駮三傳及糅雜三傳之風迴異其他若張尙瑗之三傳折諸盧軒

·经学源流考·
潜江甘氏崇雅堂
一九三八年版

之三傳纂凡表。吳陳琬之三傳異同考。劉夢鵬之義解。某氏之事實廣記。則多前代舊習。皆非至者。○右歷代春秋三傳兼治學家一則、

經學源流考卷之六終　　三女世玲校字

经学源流考卷之七

經學源流考卷之七

孝經學源流第十二

潛江甘鵬雲述

孝經鉤命決曰。孔子以孝經屬參。釋文叙錄稱、孔子爲弟子曾參說孝道。因明天子庶人五等之孝事親之法。據此。知孝經本孔子以授曾子者。六藝論稱、孔子作孝經以總會六藝。則竟以爲孔子作。史記則以是經屬曾子作。惟胡寅、晁公武、皆疑爲曾子弟子作。其說雖歧要可證明孝經本曾子一家之學。汪宗沂孝經輯傳序、稱孝經當戰國時、由子夏授魏文侯。文侯爲之作傳。而荀卿諸儒皆傳之。是子夏亦與聞孝經學矣。徒以授受無

·经学源流考·
潜江甘氏崇雅堂
一九三八年版

緒。故宋陳騤汪應辰、皆疑其僞。姚際恒古今僞書考、列孝經於僞書、定爲張禹同時人所作、則殊武斷、四庫提要據蔡邕明堂論、引文侯孝經傳。呂覽審微篇、亦引孝經諸侯章。因斷爲其來甚古。又稱其文去二戴所錄爲近。要爲七十子之徒之遺書。使河間獻王採入百三十一篇中。則亦禮記之一篇。與儒行緇衣相類。惟其另出別行。稱孔子所作。傳錄者又分章標目。自名一經。後儒遂以不類繫辭論語疑之。亦有由矣。攷今曾子十篇。自修身至天圓、皆見大戴禮。後人摭出爲二卷。晁氏謂視漢志亡八篇。由是推之。則曾子書既收入大戴記中。而遺其八。則孝經之不收入禮記。特如八篇之偶遺耳。提要之言信而有徵。故陳氏東塾讀書記從之以爲此說最確毫無疑義此孝經與禮記同體之說也是經在秦亦遭焚燼（釋文序錄）西漢之初孝經有今文古文之別傳今文孝經者由河間人顏芝爲秦禁藏之漢氏尊學芝子貞出之長孫氏博士江翁、少府后蒼、諫大夫翼奉、安昌侯張禹幷傳之各自名家書凡十八章即鄭康成注所本鄭注初未成其孫小同爲之陸氏釋文、即用此本蓋爲齊學則今文之傳授也古文出自孔壁別有閨門一章自餘分析十八章又有衍出三章幷前總爲二十二章（庶人章分爲二、曾子敢問章爲三、又多一章、）昭帝時魯國三老獻之朝衛宏校之皆口傳而無說孔安國爲作傳劉向校書、以顏本比古文定爲十八而許沖撰其說

·经学源流考·
潜江甘氏崇雅堂
一九三八年版

馬融亦作古文孝經傳。而世不傳。又有鄭衆、亦爲作注。是爲魯學。此古文之流傳也。其他高誘、宋均、樊光、李巡、謝氏、及無名氏、並皆通其說。而無撰著。○右周秦兩漢孝經學傳授一則、

魏晉以後。說孝經者。有王肅以下六十四家。多傳注之。作。見經義考、惟何約之、梁武帝、簡文帝、蕭子顯、皇侃、趙景韶、顧越、徐孝克、何妥、則義疏之學。又有宋齊兩朝東宮諸王之書。則講義之學。其時。評漢注得失者。劉炫則明安國之本。陸澄則譏康成之注。然江左之集講與立博士。皆尚鄭學。此隋以前之孝經學也。唐自明皇取王肅、劉劭、虞翻、韋昭、劉炫、陸澄、六家。參以孔鄭。爲御注孝經。其

時爲義疏之學者。有賈公彥、孔穎達、元行沖、蘇彬、任奉古。開元之時。詔議孔鄭二家。劉知幾以爲宜行孔廢鄭。諸儒非之。卒行鄭學。孔注則傳習者稀。是唐人孝經之學。與江左同。唐以前。標明古文。爲之義疏者。有劉炫。蓋安國之學、亡於梁。隋開皇中。王劭訪得之。炫遂倡其學。世因是多疑爲炫僞作。至李陽冰、以科斗書之。意以存古。宋代加意。劉炫古文。學者甚多。與唐以前多異。若司馬光、范祖禹、袁甫、洪興祖、楊簡、朱子、馮椅、皆是。而朱子。創爲刊誤之學。區分經傳。多所删易。朱彝尊以漢後開删經文之始。詬之。然當時。其說大行。馮椅外。若黃幹、襲栗、史繩祖、董鼎、皆著書。宗其說。惟邢昺疏、一依元行沖

·经学源流考·
潜江甘氏崇雅堂
一九三八年版

疏。悉反唐舊。最爲有法。元代爲劉炫古文之學者。有李氏指解詳說、吳澄章句。因朱子刋誤。幷今古文而疑之。其書區分經傳。或合或去。變亂舊次。同時錢天祐、張⿱須玉、兪觀能、余芑舒、沈易、王勉、皆從其說。蓋宋元兩朝。自司馬氏出而古文之說熾。自朱子刋誤出而糅雜今古文之風盛。自吳澄出而改變任意之風加厲矣。明代孫蕡復衍朱吳之緒。但以鄭本爲正。薛瑄、周木、亦幷今古文而以意序次之。其他晏璧、應綱、潘府、姚舜牧、童品、郎瑛、汪宇、蔡烈、余息、劉閔、吳甡、張鼎延、瞿罕、蔡復賞、皆朱吳之流裔也。其時專爲古文學者。自吳從敬、項霦、蔡毅中外。又有取古文本而以意變亂之。習如柯尙遷、黃金色、

经学源流考卷之七

何楷、孫本、其宗尚古文。又非司馬光之舊法矣。當時主今文者。又有歸有光敘錄。虞淳熙今文說。黃道周集傳。凡三家。清儒治孝經學者。始于毛奇齡作孝經問。以排斥朱子吳澄。然以空理相詰難。實疏於傳注之體。爾後。輯古注者。有臧庸、鄭氏解輯、嚴可均、鄭氏注、周中孚、彙解、丁晏、述注、皆古學也。其他有張敘、精義、孫念劬、彙纂、阮福惟福之義疏、定鄭注為小同作。今人又作孝經鄭注疏、以申鄭義。丁晏作徵文。力攻孔傳為偽書。汪氏孝經輯傳。復攻鄭注為不經。要其學皆勝於前代也。其沿前代者。若李之素、吳元隆、蔡衍鎤、張星徽、任啓運、華玉淳、曹庭棟、則多主。朱吳之說矣。自劉宋謝稚為孝經圖後。七錄又載有圖

·经学源流考·
潛江甘氏崇雅堂
一九三八年版

二家。宋李公麟、元林起宗、李光孝、亦皆有是經之圖。其流。傳別國者。若元魏之國語孝經。高麗之越王孝經、新義、又咸平中日本僧奝然所獻有鄭注、周顯德中新羅所獻有別敘孝經。其由別國。復還中國。惟此經最著。列代。外傳。衍義。之書。若宋俞觀禮、留元剛。元程㬎道、楊少愚。明葉瓚、蔡悉、胡時化、吳撝謙、楊起元、李槃、呂維祺、張有譽、蔡景默。清人李之素、吳之騄、周春。皆其流也。○右

魏晉逮清孝經學流派一則、

論語學源流第十三

論語者、孔子應答弟子及時人所言。或弟子相與言。而接聞於夫子之語。又有臣對君之問。有師弟子對大夫

之問。有時人相與言。因謂之論語。班志、論衡、劉勰、陸德明、朱子、皆稱當時弟子各有所記。夫子卒而相與共紀之。至所云弟子者何人。論語讖以爲子夏等六十四人共撰。鄭君以爲仲弓子游子夏等所撰定。柳宗元以爲曾子弟子樂正子春子思爲之。宋永亨洪景盧以爲出於閔氏弟子。程子以爲曾子有子門人所撰。胡寅以爲子思及曾子門人檀弓所纂修。惟何異孫稱公冶長篇、是子貢門人所記。先進篇、是閔子門人所記。第十八篇、是記者類聚成篇。第十九篇、亦必曾子門人所記。又分篇而改定撰人。陸德明及閻若璩、則宗鄭君之說。王謨則以有子曾子門人所成爲論定焉。此論語撰人諸家

·经学源流考·
潛江甘氏崇雅堂一九三八年版

之異說也。○右論語撰人之異說一則、

其書在西漢初。傳授者有三。派魯人所傳者爲魯論語。漢志二十篇。卽今所行篇目是也。龔奮、夏侯建、夏侯勝、韋賢、韋元成、蕭望之、魯扶卿、幷傳之。各自名家。而望之又以授魯人朱雲。此一派也。齊論語者。齊人所傳。別有問。王。知道。二篇。今文無之。共二十二篇。其二十篇中章句、頗多於魯論。王吉及子駿、宋畸、王卿、貢禹、五鹿充宗、庸譚、並傳之。惟王陽名家。朱竹垞疑齊論所逸二篇、其一乃問玉、非問王、見經義考、此又一派也。古論語者。出自孔氏壁中。凡二十一篇。有兩子張篇。如淳云、分堯曰篇後子張問何如可以從政以下爲篇、名曰從政、篇次不與齊魯同。桓譚云、古論語二十一卷、文異者四百餘字、孔安國爲之傳。馬融亦注之。此又一派也。張禹受魯論於夏侯建。又從王吉、庸譚受齊論。擇善而從。刪問王知道二篇。號曰張侯論。所作章句。最後行於漢世。禹復以論語授成帝及班伯。後漢包咸、周氏並爲章句。咸又以授包福。鄭玄就魯論張。包周之篇章。考之齊古。爲之注。至何休注論語。則多用齊論之說。見戴望論語注序。魏何晏、鄭沖又集孔安國、包咸、周氏、馬融、鄭玄、陳羣、王肅、周生烈之說。并下已意。盛行於世。此又齊魯古三家不分之一派矣。漢人中、復有無名氏燕傳說。沛王劉輔、鄭衆、麻達、譙周皆通其學。魏時王弼、張昭、程秉、虞翻亦各有注。其孔鮒及安國。則又以論語爲家學者也。朱彝尊引宋雪坡之言。稱六經之傳、出

·经学源流考·
潛江甘氏崇雅堂
一九三八年版

西漢者。獨孔安國書傳。案毛詩傳亦西漢遺文、然出僞託。惟論語集解所引孔氏訓。則解經首功。愈以見古訓之可貴。○

右兩漢魏晉論語學傳授一則、

隋志曰、梁陳之時。惟鄭氏何晏、立於國學。而鄭氏甚微。周齊、鄭氏獨立。至隋、何鄭幷行。鄭氏盛於人間。此六朝。時。論語宗主之大概也。惟自何晏集解盛行。於是踵爲。集。注者甚多。若衛瓘、崔豹、應琛、李充、孫綽、江熙、戴詵、陶宏景、太史叔明、皆是。而皇侃最有名。其爲續注者。有宋明帝、史辟原、二家。其爲注釋者。曹毗、李充、以下二十一家。其標明家法者。虞喜之於張鄭。郗原之於鄭。王氏之修鄭。錯某氏之難鄭。是也。他如繆播、郭象、欒肇、徐邈、梁武帝。皆治其學者也。唐代賈公彥有疏。陸氏有釋文。此外傳書無多。韓愈李翺筆解。世多以爲僞本。陳蛻、侯喜、張籍、馬總、李涪、李磎、及無名氏諸家。皆有書。李翺張籍。皆在韓門。是昌黎雅重是經矣。○右六朝唐、論語學流派一則、

宋儒惟程朱之門。及其後學。說論語最盛。其先則邢昺。疏最有名。其爲增注者。有宋咸、阮逸。爲集解者。有杜莘老、余象、晁說之、辨何晏違誤者。有周武。續韓愈筆解者。有劉正叟。其荆公新學一派。則王令、與荆公及子雱、呂惠卿、鄒浩、陳祥道也。其反荆公之學者。有蘇軾、蘇轍、王鞏、胡寅。惟轍說頗雜釋氏。二程之師濂溪。早有成書。伊川、有其門人所記之論語說。傳程學而說是經者。范祖

·经学源流考·

潛江甘氏崇雅堂 一九三八年版

禹、呂大臨、謝良佐、侯仲良、游酢、楊時、尹焞、王蘋、曾幾、張九成、胡寅、胡宏、胡憲、劉懋、張栻、鄭汝諧、李用、皆程子之學也。朱子承程子後。始於論語爲集義詳說二書。卒爲集注。發程子之未盡。幷補其不完。又作或問。以疏其去取之意。傳其學者。蔡節、黃幹、輔廣、馮椅、劉砥、陳易、吳英、何鎬、鄒補之、滕璘、邱義、戴溪、眞德秀、魏了翁、孫繪、陳孜、趙爕、陳如晦、蔡模、孔元龍、潘墀、李春叟、饒魯、黃震、何基、王柏、金履祥。及元人劉因、陳櫟、郭好德、劉豈蟠、皆各爲書說。蓋元人所主。咸不出朱學。惟金人王若虛辨惑。陳天祥辨疑。則頗糾朱失。明人之學。亦大都不出朱子。如楊守陳、陳懿典之流。是八比盛。而俗學熾。明人似此者。

孔。多。其周宗建、劉宗周、李弘明、則陽明學之緒餘也。其宋。明。人能留心訓詁名物考證者。則邢昺、吳棫、魏了翁、金履祥、陳士元也。宋黃鎡、明周是修、羅用俊、沈懋孝、及士元、則又分類以說之。其意在啓蒙者。則薛季宣、柴中行、陳棟、王承裕也。自七錄載論語義注圖後。宋人則有論語井田義圖。及論語世譜。元人林起宗亦有圖。大都。三朝。說論語之書。無不歸宿義理。以說經。并奉程朱爲宗。主。其以論語之義。演爲詩五十首者。則宋林子克也。

○右宋元明論語學流派一則、

清初之儒。治論語者。多宗朱子集注。詮發義理。當時惟毛奇齡、稽求編、以考證見長。然攻駁大過。世儒非之。乾嘉

·经学源流考·
潜江甘氏崇雅堂
一九三八年版

以後劉台拱、(駢枝、)方觀旭、(偶記、)錢坫、(後錄、)包愼言、(溫故錄、)始一宗漢詁以說論語其有輯古注者則宋翔鳳、(鄭注、)鄭珍、(三十七家注、)沈濤(孔注辨僞、)其作義疏者有焦循(補疏、)惟劉寶楠正義以何氏集解爲主集衆說之大成潘維城古注集箋亦足與之相儷其治是經尊古而有法者程廷祚、(魯論說、)徐養原、(魯讀考、)江聲、(俟質、)也最後劉逢祿、(述何、)宋翔鳳、(說義、)戴望、(論語注、)咸以公羊家說解論語自成一派之學焦循通釋則更析及義理至黃式三後案出則又兼采漢宋而持其平其崔紀、(溫知錄、)桑調元、(論語說、)則又皆以闡發集注爲主而李璘傳注更務以反朱子焉 ○右清論語學流派一則、

漢志有孔子徒人圖法鄭玄有論語孔子弟子目錄蘇

過有孔子弟子別傳。夏洪基有孔門弟子傳略。朱彝尊有孔子弟子考。夏炘有七十二弟子考。孔廣牧有先聖生卒年月考。皆考證論語中之一端者也。江永鄉黨圖考。則釋論語之一篇者也。其論語之枝流。自逸論語、見於說文諸書外。漢志有孔子三朝記。此爲一類。其依託之家語。并說家語之王肅、張融、王柏、王廣謀、何孟春、陸治、陳士珂、陳詩。爲一類。其裒輯孔子之言行者。有梁武帝、王勃、葉由庚、戴良齊、潘士達、薛據、楊簡、孫星衍、嚴可均。爲一類。其編載孔子事實世紀者。有胡仔編年。孔傳東家雜記。林春溥孔子世家訂補。孔繼汾闕里文獻考。爲一類。其擬論語者。如揚雄法言。及王通中說之類。雖

·经学源流考·
潜江甘氏崇雅堂一九三八年版

皆論語之枝與流裔。然但可入之子部。不得附諸經學矣。○右論語分釋篇章之學、及其枝流一則、

孟子學源流第十四

史遷列傳、稱孟子受業子思之門人。所如不合。退與萬章之徒、序詩書、述仲尼之意、作孟子七篇。應劭亦謂孟子作內外十一篇。趙岐則云、與公孫丑萬章之徒、疑難問答。又自撰法度之言、著書七篇。蓋漢人皆以孟子為與其徒所作。至唐人始有稱孟子為其弟子作者、如韓愈、林愼思、皆同此說。以後主漢儒說者、賈同、朱子、董銖、何異孫、郝敬。主唐人說者、則晁說之也。其書之篇目。七略作十一篇。無內外之說。趙氏始名七篇為內篇。以四

篇爲外篇。即性善、辯文、說孝經、爲政、是也。漢志列在儒家。周廣業孟子四考、謂史公稱孟子捃摭春秋之文以著書。劉陶作七曜論復孟子。疑在外書。此孟子書。存佚之大略。也歷代著錄。屈在子流。漢人率以傳記視之。與戴記爾雅孝經等。故近人謂漢世趙岐注孟子。不過與嚴君平注老子、高誘注淮南同。其說非也。觀趙氏孟子題詞、稱孝文帝於論語孝經、孟子爾雅、皆置博士。後罷傳記博士。獨立五經。所云傳。記之。名。可證。劉歆移太常博士書、言文帝時、天下衆書往往頗出皆諸子傳說猶廣立學官爲置博士。蓋指此也。劉歆趙氏所云諸子者指文帝以前及博士罷後稱謂耳是經在漢初久垂論

·经学源流考·
潜江甘氏崇雅堂
一九三八年版

定。河間獻王、得先秦古文。中有孟子。史公亦稱世多有其書。趙氏又謂諸經通義、得引孟子以明事。自荀卿後。漢儒引用其書者不絕。周廣業。皆。考。出。之後漢章帝、亦嘗以其書賜黃香。皆漢。代。表。章。孟。子。之。故。事。也。漢人爲。之。注。者。以趙。岐。注。爲。最。古。他如程曾、高誘、鄭玄、劉熙、注久佚。晉綦毋邃、唐裴日休、丁公著、韓愈、李翶、熙時子、陸善經、張鎰、皆爲之注。皮日休。又。嘗。請。以。孟。子。爲。學。科。劉軻則作翼孟三卷、以申微尙。周廣業曰。魏晉而降。聖證述子居爲字之義。士緯識門人所記之書。王劭稱受業子思。傳玄謂體擬論語。袁氏揭誨誘無倦之旨。法琳發劇談垂美之論。鈔自仲弓。錄由孝緒。證經史者。孔賈李

顏原性道者韓李皮林繹周氏所指陳皆以綜述魏晉至唐稱述孟子學之故事也○右漢唐孟子學流派一則、

自漢王充作刺孟六篇後有宋一代其始攻孟子者最多其後則尊孟子者不遺餘力蓋是非久而後論定也宋初馮休有删孟司馬光有疑孟李覯有常語蘇軾有辨孟鄭厚叔有藝圃折衷以非孟晁以道作詆孟黄次伋作評孟至明劉三吾等、尙承太祖意删去八十五條爲孟子節文不以命題試士皆攻詰孟子一派也然自唐劉軻後宋司馬康、即不苟同其父而爲之解他如徐積有嗣孟余允文有尊孟陸筠、李惟正、均有翼孟金劉章有刺刺孟元夏侯尙元有原孟明戴君恩有繪孟皆

·经学源流考·
潜江甘氏崇雅堂
一九三八年版

崇尚孟子一派也宋世說孟子之書亦有荆公新學一派荆公既自爲之解其子雱又爲之注其門人許允成、又爲注釋且孟子自經程子諸大儒表章以來陳直齋書錄解題始由儒家裁出同論語列經類其說謂自韓公後天下學者咸曰孔孟今語孟幷列於經程氏諸儒訓解二書常相表裏故合爲一類考當時自程張二子後說孟子者最盛伊川横渠既爲之解傳其學者呂大臨、游酢、楊時、尹焞、羅從彥、張栻、張九成、皆與論語幷有說朱子之於孟子亦如論語有集義集注或問又以類別而爲之要略明童品亦有類編書傳、其門人後學黃幹、輔廣、許升、晏淵、劉砥、馮椅、蔡模、黄震、饒魯、王柏、金履祥亦人人有傳書也。元有陳普之流宗朱子。金王若虛、則主辨斥諸家之說者也。其他杜瑛、吳迂、皆修集注之學。明人大都宗朱學。如楊守陳、呂柟、林士元、陳一經、諸家、皆是。其略、宗、訓、詁、考、據者、李鼎、陳士元也。其專發揮孟子學術心術治術者、郝敬也。清人治孟子者。其始亦多主義理。惟黃宗羲孟子師說、爲善。其後漢儒之學興、若梭、輯古義、之流、有宋翔鳳。趙注補正、及劉熙注、其類考、事項者、有周廣業。四攷、其輯、佚者有李調元。逸孟子、若焦循正義。折衷趙注。廣博精深。而戴震孟子字義疏證。解析義理。主漢不主宋。此近人與前代異者也。說孟子、篇章之義、與其一、事者、有宋李撰度孟子說養氣論三篇。有明李栻孟子道性

·经学源流考·
潜江甘氏崇雅堂
一九三八年版

善編。王豫孟子尊周辯。吳迂孟子年譜。近人閻若璩孟子生卒年月考。任兆麟孟子時事略。吳萊孟子弟子列傳。其以、圖、譜、說、孟子、者。有馮椅孟子圖、及李本孟子事迹圖譜二家。至擬、似、孟子、之、書。自外書外。惟唐林慎思續孟子十四篇而已。○右宋元明清孟子學流派一則、

經學源流考卷之七終　三女世玲校字

经学源流考卷之八

經學源流考卷之八

潛江甘鵬雲述

四書學源流第十五

四庫提要引王禕之說、以著四書之源。大要謂論語孟子、舊各爲帙。大學中庸、舊禮記之二篇。其編爲四書。自宋淳熙時朱子始。其懸爲令甲。自元延祐復科舉始。古來無是名也。據經義考、引王彝之說。謂程子見大學中庸、非聖賢不能作。始取自禮記、以配論語孟子、而爲四書。似四書定自程子。此四書家之異說。不可不知者。至朱子四書原本。按以李方子之說。蓋首大學。次論語。次孟子。次中庸。書肆刊本、以學庸篇葉無多。併爲一册。遂

·经学源流考·
潛江甘氏崇雅堂一九三八年版

移中庸於論語前明代科舉命題又以作者先後移中庸於孟子前此四書序列之同異也○右四書起源、及序列異同一則、

大學古爲一篇朱子分別經傳中庸亦不從鄭注分節故均謂之章句論語孟子、融會諸家之說故謂之集注其章句多自出新意集注雖參取舊文而亦多與先儒異大抵朱子生平精力殫於四書黃幹稱其未終前三日、尚更定誠意章世儒稱其爲生平著述第一其剖析疑似辨別毫釐實遠在易本義詩集傳之上又以諸家之說紛錯不一因設爲問答、明去取之意以作或問此其撰述之精勤也

至元延祐中用以取士而闡明義理之書遂爲弋取利

经学源流考卷之八

祿之具然當時經義經疑幷用故學者猶有研究古義之功今所傳元人泊明人推演經疑一派之書尙多如袁俊翁四書疑節王充耘四書經疑貫通蕭鎰四書待問詹道傳四書纂箋皆是明初三科猶然後來董彝尙有四書經疑問對之作至永樂中大全出而捷徑開八比盛而俗學熾科舉之文名爲發揮經義實則發揮注意不問經義何如也且所謂注意者又不甚究其理而惟揣摩其虛字語氣以備臨文之摹擬幷不問注意何如也蓋自高頭講章一行非惟孔曾思孟之本旨亡幷朱子之四書亦亡矣（張文襄輶軒語有忌墨守高頭講章之說語意正與此同）此則後世用朱子四書爲科舉文之流弊而非朱子四書之

·经学源流考·
潛江甘氏崇雅堂
一九三八年版

弊也。以上參提要四書總叙、幷章句集注提要、及四書類後叙、幷參朱氏經義考大學及四書類、陳普謂其引而不發留待後人者尚多。姚姬傳亦嘗申此意、薛瑄則謂其發揮先聖賢心殆無餘蘊合二說觀之可以見朱子是書之精深廣大矣。

自朱子爲四書章句集注後踵之成書者有喻樗、性理窟、張九成、四書解、陳舜中、集解、黃幹、紀聞、葉味道、四書說、劉爚、集成、劉炳、問目、潘柄、講義、童伯羽、訓解、江默、訓詁、黃士毅、講義、程永奇、疑義、胡泳、衍說、王遇、解義、諸家大都朱子之友與門人後學也而東萊之徒王時敏、四書說、慈湖之徒劉伯諶、四書述、水心之徒葛紹體、四書述、幷遵其說而究其旨可見當時崇信之廣被矣。其時幷有取朱子他書說之之一派若眞德秀、集編、祝洙（集注附錄）、陳應隆（輯語）、盧孝孫（集義）、蔡模（集疏）、趙順孫（纂疏）、吳眞子（集成）、皆是祝本續眞吳則以、蔡趙之書、太繁因據之以爲集成、元陳櫟（發明）、胡炳文（四書通）、二家又因吳眞子以爲書。陳之門人倪士毅又合而刪正之、爲輯釋。即明永樂中儒臣所修四書大全之藍本也。踵輯釋而辨正諸家者。有史伯璿管窺。至張存中又因趙德箋義、熊禾標題、杜瑛旁通、薛延年引證、太繁而爲通證。以訂正輯釋。明劉剡通義。又因張書而益以金履祥、朱公遷、史伯璿并程氏之圖與王元善通考而爲之者也。其黃幹之門。何基傳王柏。柏傳金履祥。履祥傳許謙。各以朱子四書之學相授。皆各有述。吳師道序許氏四書叢說。亟稱其淵

·经学源流考·

潜江甘氏崇雅堂 一九三八年版

源正大明章一陽四書正學淵源復闡其宗派其陶廷奎正學衍說徐即登正學輯要皆衍是旨者也若朱公遷、饒魯則編類以說之以傳洪野谷野谷傳王逢而有通義之作以傳王英而有釋要之作龔霆松則會同朱陸以釋之趙德則鉤考制度名物以箋之元劉因有汰除朱子集義之作陳天祥則專辨集注之非其以圖說四書者元人有林處恭、程復心、吳成大三家明之守朱學者有楊範傳其孫守陳皆各有述陳琛則合蔡清之蒙引林希元之存疑兩取之爲淺說邱橓又襲二家、而爲摘訓李贄作說書張雲鶯則作經正錄以闢之其踵大全爲書者晚明尤夥如華允誠、(大全纂補)張溥、(大全纂注)楊彝、大全節要、倪晉卿、四書大全纂、張自烈、四書大全辨、是也。宋以後有點。勘。四書之一派。王柏、四書標注、熊禾、標題四書、包希魯、四書凡例、金履祥、韓信同、四書標注、張宣、四書點本、王侗、四書批點、陸鰲、四書標指、馬廣輪、四書提鈎、諸家皆有此類之書。元之汪九成、四書類編、蔣允汶、四書纂類、則仿朱公遷分類之學爲書者也。其專考四書人物。名。物。者。元有周良佐、四書人名考、明有陳仁錫、四書備考、薛應旂、四書人物考、薛寀、朱焯、注解四書人物考、錢受益、牛斗星。其專攷四。書。之。音。者。明有周賓、四書音考、李果、四書音考、周寅、四書音考、王覺、四書明音、王廷燦、四書音釋、五家。其專說文字訓詁者。元有王桂、四書訓詁、何文淵、四書文字引證、明有李先芳、漢注疏引、楊時喬、四書古今文注發、樊良樞。四書辨證、清有翟灝。四書考異、其專以圖說之者。明之桑拱陽、吳繼仕、四書引經節解圖、吳蒼舒、四書圖考、也。其專攷證經籍者。明之陳禹謨、經言支指、徐邦佐、四書經學考、陳鵬霄、四書續經學考、顧夢麟。四書通考、及清之吳昌宗、四書經注集證、也。其專主反之身心。而體究之者。馮從吾、四書疑思錄、李中孚、四書反身錄、陸隴其、松陽講義、四書困勉錄、也。至姚舜牧、四書疑問、王肯堂、四書義府、萬尚烈、四書測、寇愼、四書酌言、則淪入禪機。而喬中和、則以圖書說之。皆明。人。說經極弊。其在清代有專攟考據之賸餘者。若毛奇齡、四書賸言、曹之升、四書攟餘說、蕭正發、程大中、四書逸箋、林春溥、四書拾遺、皆是。夏力恕劄記中亦有之、毛氏門人陸邦烈、聖問釋非錄、李璘。尤力攻朱子。若專攷典故者。則周柄中、四書典故辨正、淩曙、四書典故覈、許桂林、四書因論、三家。若專攷地名。則閻若璩、四書釋地、是。其

·经学源流考·
潜江甘氏崇雅堂
一九三八年版

講學家之說四書。如孫奇逢、刁包、薛鳳祚、李光地、楊名時等。則專研求義理者也。大抵歷朝之說四書。其日出不已者。由其羣相襲也。其相襲也。又必出以相非。其始之相襲也。猶出於一塗。其繼之相襲。復相非也。則雜而已矣。四庫提要之糾之也。曰其書不過陳因舊本。增損數條。即別標一書目。別題一撰人而已。旋生旋滅。有若浮漚。不亦信哉。○右宋元明清四書學流派三則。

分釋四書之學。當四書未出時。韓愈、李翺即有論孟筆解。而朱子亦有論孟精義。是爲合釋論孟者。爲一類。宋黎立武踵之。取大學中庸分釋之。是爲合釋學庸者。爲一類。朱子章句、集注、命名便已區分、其專釋四書中之大學或中庸者。又

·经学源流考·
潜江甘氏崇雅堂
一九三八年版

爲一類。三者之中。以後一派之書最盛。宋楊泰、(論語孟子類、)孫繪、(論孟說、)金履祥、(集注考證、)王應麟、(僞本考異、)明陳士元、(類考、雜記、)清李光地、(論孟劄記、)皆合說論孟之家也。自司馬光等六家有中庸大學解義。於是宋一代有二十五家之書。皆以中庸先大學。朱彝尊謂科舉未盛。典型尙存。不紊戴記之舊。自皇慶延祐。再定考試。於是冠大學於論孟前。以中庸居末。自元明善大學中庸錄以下。凡四十二家皆然。此見於經義考者也。其未見者若元景星、(啟蒙、)明趙南星、(正說、)姚應仁、(大學中庸讀、)謝文洊、(切己錄、)清李瑔、(傳注、)楊名時、(講義、)王澍、(本義及困學錄、)崔紀、(成均課講、)康呂賜、(日錄、)及宋後合圖大學中庸之饒魯、朱諫、宋文簡。皆合說大學中庸之家也。其專說、四書、中之大學者。一曰異本之學。自二程改本、不能盡一。朱子章句又區經傳、而補其闕文、而大學之舊本改。觀此爲一派。至董槐則又以爲無闕文。自後黎立武、葉夢鼎、王柏、黃震、景星、吳澄、車若水、王巽卿、方孝孺、鄭濟、宋濂、程敏政、蔡清、劉績、崔銑、林希元、顧憲成、高攀龍、各有說。謂無闕文。其序列更定之法、則大同小異。此又一派。若明汪瑔、王守仁、湛若水、魏校、程昌、鄒守益、季本、（不分章節、但刪七字、）李經綸、李先芳、蔣信、王畿、萬思謙、魯邦彥、史朝富、來知德、蔡士階、吳應賓、唐自明、沈曙、張歧然、吳肅公、皆崇尚古本。多屬陽明之徒。此又一派。其最悖者、則豐坊之僞石經大學。暗更定全經次第。託僞本以傳。管志

·经学源流考·
潜江甘氏崇雅堂
一九三八年版

道、劉元卿、吳極、吳炯、周從龍、唐伯元、袁黃、曹允儒、皆遵信之。甚至顧憲成、鄒德溥、劉宗周、皆信從之。發其僞者錢一本。瞿汝稷也。此又一派。其於朱子章句、有出有入者程智、邵文初也。其幷列程朱本古本者、廖紀、劉斯源、及淸王澍也。其淪入釋氏者、姚江末派穆孔暉之徒也。其不信大學者、則陳道永一人而已。一曰格物不同之說。其著爲專編者、司馬光有論。劉黻有說。蔡烈有傳。郎瑛有訂正傳。沈朝煥有訓。惟湛若水格物通至百卷之多。攷格字凡十有八解。（謝江有說、）漢以後、言格物者七十二家。惟張岐然大學古本辨繹義之說。黃宗羲獨謂其在七十二家爲最確。當其朱子或問中、二程十六條之說。

徐養原定爲格物正義其黎立武之說謝江亦舉爲折衷焉至爲大學衍義之學者始於眞德秀其後李朝佐、劉廸簡、邱濬、王啓、楊廉、胡世甯、程誥、黃訓、王道、徐栻、王諍、鄒觀光、劉洪謨、顧起經、吳瑞登、楊文澤皆或續或補或節略踵眞氏而各出新意以爲之清代之治大學者亦從朱子定本自毛奇齡、大學證文等作、李塨、傳注及辨業、張文鸞、偶言、始以古本排斥朱注講學家之李光地、亦主復古本古本說、劉醇驥亦以古本攻改本古本大學解、乾嘉以來治漢學者則持反大學中庸於禮記之議汪中大學平議或稱其能持本原宋翔鳳大學古義說則主公羊以說之其確宗朱義精核詳明者胡渭翼眞而自作改本者顏

·经学源流考·

潜江甘氏崇雅堂 一九三八年版

光敏也。至邱嘉穗、乃誤以豐坊僞本爲眞。可謂無識。其前代之以圖說大學者。胡炳文、葉應、程時登也。（分釋一端、即解格物諸家之書、）專說四書中之中庸者。宋人多傳程學。主以爲義。呂大臨、游酢、楊時、侯仲良、郭忠孝、張九成、徐存、皆程學之流傳也。惟張氏不免雜禪說。陸學家之袁甫亦然。爲朱子之學者。石𡼏、黃幹、熊以甯、林夔孫、劉黻、徐寓、萬人傑、皆其流派。與程子異者。晁說之。主郭氏父子兼山白雲之說。以易說中庸。分爲十五章者。黎立武也。其與朱略異者。饒伯輿、劉惟思、吳澄、三家。析爲二篇。以類相從。欲還漢志之舊者。王柏一家也。明代說中庸者多申異說。以姚江之學說之者。有施儒（中庸臆說）、以佛氏說之者。

方時化分爲三十五章與朱子有別者管志道中庸訂釋、其以禮說中庸謂有錯簡而釐定之者周從龍中庸發覆編、其爲中庸古本學者林日正皆與章句異義者也元代以降依章句以詮釋經文者有齊履謙中庸章句續解、劉清中庸章句詳說、諸家仿西山大學衍義爲衍義外傳者明夏良勝中庸衍義、王尊賢中庸衍義、顧起元中庸外傳、皆是夏王之書皆上於朝至類編中庸則陳雅言爲圖者則元李思正明瞿九思用郭氏例以易說之者則九思陳仁錫清李謹也若王仁九經衍義黃佐九經政要程時登中和說又分釋其一端者也清之漢學家若惠棟易大義、魏源易庸通義、亦以易說中庸宋翔鳳包愼言則又以公羊說之其與章句互

·经学源流考·
潜江甘氏崇雅堂
一九三八年版

異者。毛奇齡、中庸說、李塨傳注、分爲一十二章。不用鄭朱本。者。李光地。中庸章段、篤守朱學者。任大椿、中庸解、之流也。○右

歷代四書分釋之學一則、

爾雅學源流第十六

爾雅之作者。揚雄以爲孔子門人游夏之徒所記。以解六藝。劉勰賈公彥從其說。張揖以爲釋詁一篇。周公所作。釋言以下。仲尼所增。子夏所足。叔孫通所益。沛郡梁文所補。陸德明、張懷瓘、晁公武、陳振孫、從其說。歐陽修謂出自秦漢間學詩者纂集說詩博士解詁。葉夢得、錢文子、以爲漢人所作。朱子謂是取傳注以作。惟四庫提要。斷定其書在武帝以前毛亨以後。非纂自一手。非專

爲詩作。亦非專爲五經作。大抵采諸書訓詁名物之同。異。以廣見聞。自爲一書。不附經義。蓋方言急就之流。特說經家多資以證古義。從其重列之于經。定其時代爲漢。初人所爲。其說允矣。若攷其遠源。則葛洪稱史佚教其子以爾雅。大戴禮、孔子三朝記、稱孔子教哀公學爾雅。然則古代必有其書。特不知確否。即今本耳。○右爾雅作者考一則、

漢文帝時。其書與孟子孝經。同立博士。在武帝時。犍爲文學爲之作注。揚雄雅尙其書。劉歆問業於揚雄。亦爲作注。而樊光李巡孫炎。皆注其書。據周禮正義所引鄭玄亦嘗爲之注。此漢人之爾雅學也。晉郭璞注、最有名。

·经学源流考·

潛江甘氏崇雅堂
一九三八年版

而行世久。又有音義之作。當南北朝時。雅學盛行。於江左。江瓘、施乾、謝嶠、顧野王、多爲撰音。沈旋集諸家爲注。隋唐以降。陸德明、曹憲、裴瑜、毋昭裔、均爲之疏釋。宋儒則邢昺有疏。又有鄭樵之注。世稱善本。元有胡炳文、危素。明有薛敬、羅日褧、譚璁吉、諸家之書。此列代爾雅學之可攷者。宋有荆公一家之學、其子雱有書、門人陸佃有埤雅、明牛衷爲之廣要、此爲一派、又有羅願爾雅翼之學、洪焱祖、陳櫟、皆治其書、此又一派、清代雅學至盛。精博過前代。蓋研求小學所致。有輯爾雅古義者。臧庸、漢注、黃奭、古義、嚴可均、一切音注、是也。有補郭注者。嚴元照、匡名、翟灝、補郭、戴鎣、郭注補正、劉玉麐、補注殘本、是也。有爲義疏學者。郝懿行、義疏、邵晉涵、正義、錢坫、釋義、錢繹、疏證、是也。而郝、邵、尤爲傑作。蓋能以形聲義三者緯之以同近通轉之法用釋是經皆前代所未有遂成訓詁最要之書此外、錢坫有釋地以下四篇注程瑤田有釋宮、釋草、釋蟲小記雖非全書亦深於雅學之不可廢者○右歷代爾雅學家一則、

至規仿爾雅而作者有孔鮒之小爾雅李軌爲之解近人王煦爲之疏宋翔鳳爲之訓纂胡承珙爲之義證葛其仁爲之疏證錢東垣爲之校證皆精研是學者也魏張揖有廣雅隋曹憲因爲博雅音清王念孫爲之疏證與郝邵兩家之疏爾雅并馳此廣雅之學也其效小爾雅而作者劉伯莊有續爾雅劉杳有要雅崔銑有小爾雅朱謀瑋有駢雅清人魏茂林爲之訓纂唐達有爾雅

補。吳玉搢有別雅。李調元有彬雅。洪亮吉有比雅。此皆。爾雅之支流也。〇右爾雅支流一則、

羣經總義第十七

漢儒經學最重專家。而專家之中。又最重一師之守。似乎固矣。不知當時實有一種通義之學。合五經之異同。長短比較。而雜議之。其通義之學有三。有一人通論五經而發明之者。如劉向、通義、劉輔、通論、曹褒、通義、許愼、五經異義、鄭玄、駁五經異義、六藝論、鄭志、張遐、通義、是也。有決科射策之通義。如趙岐稱諸儒通義。得引孟子。謂之博文及徐防建言開五十難。解釋多者爲上第。演文明者爲高說。及建武中太子諸王。欲爲通義。而聘鄭衆者。是也。有殿廷會議之通。

義一、爲宣帝時、蕭望之等十五人、有石渠五經雜議。范甯謂爲石渠分爭之說是也。一、爲章帝時、劉羡丁鴻賈逵等、論定五經同異於白虎觀。有白虎通義。蔡邕所謂其事優大、是也。三者之中。惟射策決科之通義今不可。見。王應麟嘗稽合得其故事。而惜其不傳。其他二種五經。通義。今猶有傳者。蓋漢儒凡通治二經以上。如申培公。至通治十一經、如馬融。其訓故。皆各自爲書。自宣帝。創。通義之學。而石渠白虎。劉向。劉輔。諸家之書。遂成一派。之學。此歷代羣經總義之書所由託始也。三國有何晏、隗禧、王肅、譙周、晉有傳咸、徐苗、束晳、楊方、戴逵、周楊、南北朝有梁武帝、賀瑒、鮑泉、沈文阿、王元規、孫暢之、王

·经学源流考·

潜江甘氏崇雅堂一九三八年版

煥、邯鄲綽、元延明、房景先、王神貴、常爽、張風、樊深、邢邵、辛彥之、何妥、劉炫、王氏皆研求羣經總義而有述作之人也。

范甯稱漢人有父子異同之論。有石渠分爭之說。呂祖謙謂宣帝論五經、亦長專門之風。其用經術、差勝武帝。合二家之說觀之。知漢人經學所由盛。以有異同競爭。而其精卓始出。唐代不然。專以正義一家之說齊天下。宋亦同病。故蘇軾嘗病王荊公以其學術同天下。崔鶠所謂王安石三經出。天下靡然無一人敢可否。陵夷至於大亂。然則學術以尚同而衰。明季姚江末派流入狂禪。近日漢學之風。逃歸瑣碎。皆各以召禍。可以鑒矣。

经学源流考卷之八

右漢魏六朝羣經總義二則、

唐代有陸德明仿徐邈五經音、作經典釋文。劉鎔踵之。是羣經音義學。顏師古、匡謬正俗、張參、五經文字、唐元度、九經字樣、歐陽融諸家是五經文字學。其韋表微、九經師授譜、則羣經目。錄之學也。鄭玄有仲尼弟子目錄、故凡紀經學傳授者、張文襄書目答問、皆稱目錄、今從之、他如趙英、劉睍、裴僑卿、熊執易、凌準、張鎰、尹思貞、馬光極、邱光庭、僧十朋、則統說羣經者也。其顏眞卿、李適、韋處厚等十人。見經義考、則刺取羣經要語。以成書者也。宋人羣經之學。其初能翔實者。多勘正傳注得失。如胡旦、黃敏求、楊安國等。皆其流也。自劉敞七經小傳出。始務與諸儒之說立異。王荆公修三經新義。以申己意。楊時、王居

·经学源流考·
潜江甘氏崇雅堂
一九三八年版

正、又務反其學而辨正之。至程子經說、張子理窟出。遂開。洛閩說經一派之風。其後呂祖謙、唐仲友、劉光祖、葉適、戴栩、皆以闡理爲主。其朱子後儒。如黃幹、輔廣、李大同、陳埴、吳梅卿、眞德秀、黃大昌、饒魯、熊朋來、皆然。惟章如愚、賈鑄、葉時。尙采諸家之說。魏了翁、黃震則擷注疏之精。張伯文疑難。何異孫問對。開場屋之陋習。金王若虛辨惑則不信朱子。明周洪謨疑辨亦正朱誤。楊守陳私抄不盡從先儒傳注。是皆與朱學歧出者也。陳公懋經說則歷詆先儒傳注。王守仁臆說多主心悟而闡名理。楊愼叢鈔專以小智譏貶宋儒。黃綰原古恣私心以顚倒聖經。郝敬經解亦多與先儒異義。鄭鄤說書不出。

明末狂禪之習皆其弊也惟陳耀文稽疑梁斗輝十二經緯趙宧光九經漢義頗崇古說至孫承澤、五經翼陳龍正、朱子經說、劉同升、大全注疏合編、陸元輔、注疏類鈔、許順、義粹、王復禮、二禮彙刻、其所爲書大都四庫提要斥爲鈔書而非自得之經說矣至三朝之爲羣經目錄者若程俱、漢儒授經圖、李燾、五經傳授圖、馬端臨、經籍考、某氏、授經圖、王圻、經籍考、朱睦㮮、授經圖、皆是其爲羣經文字者許奕毛居正、六經正誤、岳珂、九經沿革、余國輔、陳鳳梧、楊慎、金世龍、陳士元、王應電、周應賓、及某氏、總例、與日本人山井鼎、七經孟子考文補遺、皆是其爲羣經音義者賈昌朝、許奕、楊伯喦、九經補韵、近人錢侗考證、黃彬、牟巘、趙孟至、陳氏、王覺、來斯行、胡一愚、皆是若夫羣經圖譜之學則有楊甲、毛邦翰、葉仲堪、俞言、趙元輔、周安、王循吉、胡賓、吳繼仕、陳仁錫、楊豫孫諸家。其專輯羣經經制者。有葉時、李好文、李仁壽、吳沈諸家。其意在訓詁者。有陳深、李鼎、二家。其專攷羣經中一端者。王應麟六經天文編是也。

○右唐宋元明羣經總義一則、

清人羣經總義之學。贍博精雅。實過前代。今類區之。一曰。輯佚。如馬國翰玉函山房輯佚書經編。凡三百五十二種、仙源書院書目、稱此爲章宗源輯、爲馬氏借刻、證以隋書經籍志攷證、而益信、王謨輯漢魏遺書鈔經翼。凡一百八種、余蕭客古經解鉤沈。三十卷、鍾謙鈞又刻有古經解類函、王復輯五經異義。并駁義。陳壽祺爲之疏證。錢東垣則校鄭志。陳鱣輯六藝論。黃奭輯刻高密遺書。孔廣林亦有此輯、

·经学源流考·
潜江甘氏崇雅堂
一九三八年版

经学源流考卷之八

鄭方坤有經稗。一曰古訓。惠棟有九經古義。馬瀰亦有九經古義注。阮元有詩書古訓。王紹蘭有周人經說。一曰經詁。劉文淇有助字辨略。王引之有經傳釋詞。馮登府有十三經詁答問。一曰經說。如臧琳、（經義雜記）毛奇齡、（經問）江永、（羣經補義）陳祖范、（經咫）孔廣森、（經學卮言）劉台拱、（經傳小記）汪中、（經義知新記）李惇、（羣經識小）莊述祖、（五經小學述）崔述、（考信錄）王引之、（經義述聞）朱彬、（經傳攷證）武億、（羣經義證）宋翔鳳、（五經要義、五經通義）陳壽祺、（左海經辨）程瑤田、（通藝錄）皆是。又如姚鼐、（九經說）徐卓、（經義未詳說）俞樾、（羣經平議）龔元玠、（十三經客難）江藩、（隸經文）葉鳳毛、（經說）鄭珍、（經說）陳立、（句溪雜著）朱大韶、（經義）黃以周、（經說略）朱亦棟、（十三經札記）林頤山、（經述）劉書年、（經說）鄒漢勛、（讀書偶識）及俞正燮之癸巳類稿。陳澧之東塾讀

·经学源流考·
潜江甘氏崇雅堂一九三八年版

書記皆其流也尤以王引之陳澧爲最一曰考羣經中一端如焦循、羣經宮室圖、陳懋齡、經書算學天文考、秦蕙田、觀象授時、姚文田、學古錄、鄒伯奇、學計一得、諸家是也其爲羣經目錄者有朱彝尊、經義考、翁方綱、經義考補正、通志堂經解目錄、十三經注疏姓氏、錢東垣、補經義考、續經義考、江藩、國朝漢學師承記、經師經義目錄、胡秉虔、西京博士考、張金吾。西漢五經博士考、朱爲最富其爲羣經文字者有顧炎武、九經誤字、畢沅、經典文字辨證、齊召南、注疏考證、沈廷芳、十三經注疏正字、沈炳震、九經辨字、陳鶴齡、十三經字辨、沈淑、陸氏經典異文輯、阮元、十三經注疏校勘記、萬希槐。十三經證異、以阮氏書爲最其爲羣經音義者洪亮吉、漢魏音、武億、經讀考異、及句讀敍述、錢繹、十三經斷句說、錢侗、羣經古音鉤沈、周春、十三經音略、阮元、經籍纂詁、錢坫。十經文字通正書、諸家中以阮氏書爲之淵海而沈淑注疏瑣語李調元注疏錦字乃其下者至爲石經學者有顧炎武、石經考、萬斯同、石經攷、杭世駿、石經攷異、翁方綱、漢石經殘字考、孫星衍、魏石經殘字考、嚴可均、唐石經校文、王朝榘、唐石經考正、魏錫曾、唐石經圖考、王昶、蜀石經殘字、丁晏、北宋石經記、彭元瑞、石經攷文提要、馮登府、石經補考、桂馥、歷代石經略、劉瑩、漢魏石經考、田明昶補、劉體乾、孟蜀石經、張國淦、歷代石經考、翁氏以下六家各考一朝石經杭氏則考源流馮氏則考文字者也石經源流、自漢至今、凡二十一刻、孝平元始一、章帝二、靈帝三、熹平四、邯鄲湻五、永熙六、太武神龜七、貞觀八、開元九、天寶十、孟昶十一、南唐十二、湻化十三、高宗臨安十四、洪适十五、范成大十六、胡元質十七、明宣德十八、天順十九、丼唐鄭覃二十、前清乾隆中二十一、○右清羣經總義一則、

緯書本與讖異皆古經說也第純駁不一當分別觀之

·经学源流考·
潜江甘氏崇雅堂
一九三八年版

漢人之爲是學者。以鄭玄宋均爲最著。楊統、郗萌、翟酺、酺弟子杜眞、孟宗皆傳其學。晉有郭瑀、明有孫瑴、瑴有樊微、綫微、闕微、删微。世但傳删微一種。曰古微書。近人治此學者。易緯有張惠言（易緯略義）、錢塘（易緯稽覽考正）、丁杰（乾鑿度鄭注）、書緯有張海鵬（尚書中侯鄭注）、總輯七緯者。有趙在翰馬國翰兩家。乾隆中、四庫館臣在永樂大典中、輯出易緯六種。今皆行世。蓋自隋志稱孔子既叙六經。知後世不能稽同其意。別立緯及讖八十一首。以遺來世。其書出於前漢。尚書洪範孔疏、稱緯候之書。不知誰作。通人討論。謂僞起哀平。此書雖出前漢之末。以前學者。必相傳有此說。然則謂緯候起哀平。孔沖遠不以爲然。矣清人李富孫、金鶚、徐養原、皆辨正其說。遂成經法。四庫提要有考證。不廢旁稽之言。此漢學家之說也。惟歐陽修欲削注疏中之緯文、及魏了翁作要義、始盡除之。此宋學家之傳也。合兩家用意觀之。則緯學之廢興。從可睹矣。○

右歷代緯書學一則、

歷代經學家。自春秋戰國而後。大要可分爲四期。兩漢以來。傳經諸儒。專門授受。遞稟師承。各尊所聞。謹嚴篤實。其所崇尚。雖有今文古文之別。齊學魯學之不同。而篤守師法。則一。是爲第一期。魏晉六朝。漸持異義。或信或疑。各自論說。不相統攝。遂至鄭王異轍。南北分疆。迄於唐初。承六朝之餘風。黜北崇南。漢訓遂替。是爲第二

·经学源流考·

潛江甘氏崇雅堂

一九三八年版

期宋儒有作擺落漢唐獨研義理排斥舊說務別是非於是有宋學一派其實宋學不止一派也劉敞務與諸儒立異爲一派孫復爲一派荆公新學爲一派象山爲一派而要以洛閩爲大宗迄於元初相承罔替攀緣既衆見異不遷務定一尊驅除異己明承流風賡續不絕迄於正嘉宗旨微變陽明心學祖述象山風靡一世聰明才力各抒心得迄於末流主持太過激而橫決其弊也肆古說益亡是爲第三期元明兩朝雖派別微有不同大率皆宋學也清儒說經力矯明末空疏之弊實事求是師法漢儒約而舉之凡有三變自順康雍乾學尚博雅不爲臆說援引古義徵實不誣此清代經學之一

變也嘉道以後辨經斥僞主張微言緯候九流甄采不遺此清代經學之再變也咸同以來兼採漢宋義取折衷不立門庭不尚攻擊此清代經學之三變也是爲第四期綜歷朝經學之流變雖分四期其大旨總不出漢宋兩宗以之比較西人論理學亦如唯物唯心之有二派即漢宋分剖之則西漢之微言大義與東漢之訓詁制數亦若有唯心唯物之分宋之程朱家說經與陸王家說經亦幾有二者之别也此中外學術大旨之略可證合者〇右歷代經學總論一則、

·经学源流考·

潛江甘氏崇雅堂

一九三八年版

經學源流考卷之八終

三女世玲校字

國學筆談
二卷

·经学源流考·

潛江甘氏崇雅堂
一九三八年版

國學筆談卷之一　甘氏家藏叢稿

潛江甘鵬雲述

己亥孟夏客荆門山中此邦英秀多相從問學辭不獲已輒以一得之愚開示埻的相處彌月演說遂多稍加詮次付之鈔胥大旨括以兩言曰以守約施博爲指歸以致用當務爲究竟而已嗟乎甄別條流藉導後進豈余譾陋之躬所克負荷聊演師友緒論與同志共證云爾光緒己亥夏四月甘鵬雲記

談經學

治經以通大義爲主不可舍大義而專求微言

近世治經者皆崇尚漢學其實漢儒不專尚訓詁考

·经学源流考·

潛江甘氏崇雅堂
一九三八年版

據也西漢儒者以禹貢行河以洪範察變以春秋斷獄以三百五篇當諫書一切政術莫不出於經義通經致用自不待言至若東京通儒亦未聞專以訓詁考據爲學者班孟堅藝文志曰古之學者三年通一經存其大體玩經文而已後世博學者不思多聞闕疑之義務碎義逃難便辭巧說破壞形體此學者大患也徐偉長中論曰凡學大義爲先物名爲後大義舉而物名從之鄙儒之博學也務於物名考於訓詁不能通其大誼以獲先聖之心此無異女史誦詩內豎傳令也班氏處東漢之初徐氏生東漢之季其言若是然則漢學不專尙訓詁考據明矣訓詁考據未

始非治經之一端。欲窺經學門徑。取道於此。亦無不可。但專尙訓詁考據。而自以爲漢學。則世儒之陋也。竊謂治經宜以通大義爲主。以訓詁名物輔之。庶乎本末兼備。而六經之傳。可以不墜於地矣。

微言即寓於大義之中。不可求微言於大義之外。若舍大義而專求微言。則人皆將憑臆妄造。假託六經以誣聖人。而流弊不可勝言。是故微言者。治經所最重。而今日則姑舍是。先通大義可也。

大義宜於明白平易中求之。

乾嘉諸儒專尙訓詁考据。固多失之支離。道咸以來。講求大義微言。又多失之怪誕。蓋所謂大義者。非大

·经学源流考·
潜江甘氏崇雅堂
一九三八年版

義乃異端所謂微言者。非微言。乃邪說也。善乎南皮尚書師之言曰。切於治身心治天下者。謂之大義。凡大義。必明白平易。不可以荒唐險怪者當之。又曰。易之大義。陰陽消長。書之大義。知人安民。詩之大義。將順其美。匡救其惡。春秋大義。明王道。誅亂賊。禮之大義。親親尊尊賢賢。周禮大義。治國治官治民。三事相維。五經大義。以此數言求之。可得大略。而近人非常可怪之論。亦不攻自破矣。

治經宜先明義例。

先儒治經。大率以明例爲塗徑。鄭興賈逵、有左氏條例、何邵公有公羊條例、范武子有穀梁畧例、皆久佚、存於今者。有杜氏春秋釋例一書。猶可考見先儒治經遺法。近代經學家。亦多有釋例之書。如惠定宇易例、淩次仲禮經釋例、陳碩甫毛傳訓詁例、劉申受公羊何氏釋例、許同叔穀梁釋例、王菉友說文釋例、皆是、俞曲園古書疑義舉例、尤便初學、蓋經傳皆有義例。不通其義例。而徒校勘字句。終不免矮人觀塲。

凡經義有切於今日之用者。宜講明之。

六經皆先王政典。與史同科。故所言多切世用。每一經少則數十事。多則百餘事。苟按條摘出。證以今日政事。不特可得聖人制作之精意。於致用之學。亦有權衡矣。

羣經大義。有相貫通者。宜講明之。

自西漢十四博士。各以家法授受。不特羣經判若鴻

·经学源流考·
潜江甘氏崇雅堂
一九三八年版

溝。卽本經亦顯有區別。一經有數家、不知六經皆孔氏一家之言。無不同條共貫。學者治經。先當博考家法。知其所以分。次宜觀其會通。知其所以合。鄭君以禮箋詩。卽先儒通貫羣經遺法。若株守一師之言。不相通曉。則狹僻之見也。但通貫羣經。須擇其大義顯然相同者取之。若以非常可怪之論。巧相比附。則經學之蠹矣。近人据公羊家張三世之說、徧通於六經、實足誤人、

治經貴闕疑。

語曰。多聞闕疑。蓋孔氏讀書遺法如此。穿鑿附會。非特蠹蝕聖經。抑亦有害心術。故治經。凡有隱奧難明。碎義不急者。均可置之不考。免耗日力。

經師異義宜擇其長者主之。

六經之傳本出於一。自漢儒傳經。各有家法。異義遂多。下迄近代。經學大師。各有流派。說解愈緐。異同不少。若復兼收博考。非特無此精力。亦并無此日力。宜擇其依据精碻。合於聖指者主之。不必依傍門戶。斷齗辨爭。庶幾學有限斷。不至耗精力於無用矣。

治經宜知其流別。

流別者。謂本經授受之源流。古今經師之家法也。史記儒林傳。漢書藝文志六藝略。漢書儒林傳。經典釋文序錄。（唐以前經師淵源、）朱竹垞經義考。四庫提要經部。（唐以後經學流派及書目、）江子屏漢學師承記。李次青先正事略經

·经学源流考·
潜江甘氏崇雅堂
一九三八年版

學門。國朝經師家法。皆不可不一覽。江書持論最偏宕、李書亦未備、論國朝學派之書、未有善本、姑讀此編、洪稚存傳經表通經表。條理秩然。尤便初學。

經學宜詳於圖譜。表與譜同、

古今經學家皆詳於圖譜之學。蓋六經之義。頭緒繁多。必以圖譜馭之。乃能咸歸統要。近代諸儒於此學尤精。如顧震滄春秋大事表。春秋世族譜。戴東原考工記圖。胡朏明禹貢圖。江慎修鄉黨圖考。張皐文儀禮圖。錢獻之詩音表。阮文達車制圖考。姚文僖春秋經傳朔閏表。焦理堂羣經宮室圖之類。皆治經不可少之書。當以爲據。倘有未備者。宜補苴之。

論語孟子爲羣經之綱領宜先讀

孔氏內聖外王之道具在論語最宜留心細讀其中有雅言有微言有小學之教有大學之教分類求之心得自多欲求入德之門知言之學尤不可不致力於此胡文忠公撫鄂每日晨起先讀論語數過然後辦理公事嘗曰此聽言行政之圭臬也義甯陳右銘中丞嘗教人溫誦論語謂可收放心斂神志今日負牀童子誰不讀論語但祗爲科舉題目計故讀如未讀耳論語注宜以朱子爲宗劉氏寶柟論語正義足資考證古說亦可兼取劉申受論語述何宋于庭論語說義戴子高論語注均以公羊家言說論語雖不

·经学源流考·

潛江甘氏崇雅堂一九三八年版

免有迂曲處。自是一家之學。讀之可增學人論古之識。

孟子入德之基。曰先立乎其大者。曰求放心。曰養氣。經世之學。曰保民。曰闢楊墨。其一生學術總宗旨在言仁義。道性善。分類求之。七篇大義。瞭如指掌矣。朱子讀孟子。撮要而類次之。成要略一書。此書久佚、劉椒雲輯之、曾文正刻之、始顯於世、近又刻入湖北叢書、曾文正讀孟子。亦以四門括之。一、性道至言、二、廉節大防、三、抗心高望、四、切己反求、可知分類讀孟子。固古人遺法也。孟子論治體。最合今日時勢。宜參互證明之。

孟子注。宜以朱子爲宗。焦里堂孟子正義。可備考證。

陳蘭甫東塾讀書記孟子卷。尤精。可爲讀孟子扃鑰。

讀易以孔子十翼爲主。

以十翼解說上下經，此漢費氏家法。觀大象皆有君子以字，則孔子說易專明人事可知。卦氣、飛伏、納甲、九宮、爻辰、先天諸說，雖云出自漢儒，究非聖人本意。宜以十翼爲主，并取王輔嗣、程叔子，以其專明義理，切於人事耳。世謂輔嗣以老莊說易，此特韓康伯繫辭注爲然耳，輔嗣書涉老莊者頗少，惟復卦注之寂然至无、以有爲心，頗近老莊之旨，然不多見。楊誠齋易傳專以史事明易，亦可旁參。欲考古說，讀孫淵如周易集解可耳。李道平周易集解纂疏，亦可考古易家遺說。

讀書經不必爭今古文之眞僞。

欲明漢儒專家之學，固宜知今古文之別，然知今古

·经学源流考·
潜江甘氏崇雅堂
一九三八年版

文之別可也。爭今古文之眞僞不可也。儒者治經。但當問義理如何。徒辨今古文之眞僞。何益於義理。朱竹垞言古文雖僞。多採輯逸經成文。無悖於理。然則閻百詩惠定宇諸公。斷斷爭辨。眞可已而不已也。學人讀書。先宜嚴辨爲己爲人之界。徒耗日力於兩造不備之讞辭。於己何益。且此事嘵嘵不已。有害心術。始而疑古。繼而疑經。終且疑聖。至於疑聖。而世道經籍之禍。恐非好學君子所忍言者。近日聰明之士。多喜推衍僞經之說。故略著其害如此。

讀詩經。宜先求其要指。

孔孟說詩之遺言。具載論語孟子。宜摘出以爲讀詩之法。詩者。所以察善敗。廣勸戒。興教化。蓋民風升降之龜鑑。政治張弛之原本也。古人誦詩。可達政事。可使四方。可當諫書。其有用如此。今人治詩。專致力於訓詁名物。全詩大義。略而不講。所謂雖多奚爲者乎。夫訓詁名物。未嘗非治詩徑途。必白首鑽研。沈溺不返。與買櫝還珠何異。音訓自是毛詩一要事、但不宜專求音訓、置大義於不問耳、大小序。最得三百篇之大旨。不可不讀。前人倡議廢之。非也。鄭氏詩譜。可得王朝及列國所以治亂興衰之故。亦不可不一覽。此書久佚、近人有輯本、刻入皇清經解續編中、

讀詩宜以毛傳爲宗。不可輕詆。

漢初詩四家。齊魯韓久亡。惟毛僅存。完全無闕。最可

·经学源流考·
潛江甘氏崇雅堂
一九三八年版

寶貴且深得聖人之意。程子說自漢以來。學子誦習。久無異說。歷二千年。魏默深忽發其僞。近人推衍魏說。至謂西京無此學派。夫三家既亡。而毛傳又僞。試問今日應讀何詩。若云理三家遺說。而篇簡殘佚。可令學子誦習乎。此皆聰穎之士。喜爲新論。取快一時。不知其有害學術心術也。學者當引以爲戒。勿爲所惑。鄭君箋毛。多以禮證詩。頗有異毛者。當剖別之。長洲陳碩甫於毛最深。所著詩毛氏傳疏。必應討究。近代說詩諸家。無有出其右者。

治禮當先讀儀禮。以戴記輔之。

儀禮十七篇。禮之經也。戴記八十五篇。經之記也。今人於小戴記。或省文讀之。儀禮則束閣不觀。夫儀禮禮制也。大小戴記。七十子後學者說禮之書也。徒詳禮意。不詳禮制。可乎哉。且不讀儀禮。苦其難耳。不知讀之固自有法也。近代經師讀儀禮之法有三。曰分節。曰繪圖。曰釋例。分節有張蒿菴儀禮句讀。吳廷華儀禮章句同、繪圖有張臯文儀禮圖。釋例有淩次仲禮經釋例。有此三書。讀禮經不難矣。更有一法。將此經編爲儀注。約三五同志共習之。不及兩月。亦可明了。

大小戴記所說。皆禮經大義。不可偏廢。且七十子微言遺說。往往而在。今人讀小戴。不讀大戴。非也。宋衛湜禮記集說。視元陳澔禮記集說稍勝。然失之太緐。

國學筆談　一

甘氏家藏叢稿

·经学源流考·
潜江甘氏崇雅堂
一九三八年版

不易卒業。杭堇浦續衛氏禮記集說亦然。惟朱氏彬禮記訓纂。約而不陋。取讀一過。不至多耗日力。大戴記有孔氏廣森王氏聘珍兩注本。讀其一足矣。

周禮可作掌故書讀

周禮爲成周典制。亦如近代之有會典也。鄭君注周禮。多以漢制況周制。蓋即以掌故之學治之。學者若用康成成法。由此經而通歷代掌故。由歷代掌故而進窺近代之掌故。大有益於經世之學。

周禮不可輕詆。

世儒詆周禮者。動曰劉歆以媚莽。蘇綽以亂周。王安石以禍宋。此不察之言也。莽之侮聖蔑經。不足論矣。

宇文氏特借周官粉飾治具耳。於國之治亂何與。王安石睹北宋之弱。欲以富強之術振之。又恐爲儒者所排。故附會周禮。以閉執儒者之口。非必眞行周禮也。胡得因其貽誤而集矢於經。朱子謂周官如一桶水。點滴不漏。蓋綜其全體。考其條目。而聖人制作之精意乃出。若因後世襲其一二語以滋貽誤。遂以歸獄周禮。此因噎廢食之見。非通論也。

周禮多與西政西學相合。

泰西政術。暗合周禮者甚多。如土化之法。飭化八材。即化學之義。一易再易三易。即農學之義。山虞林衡之官。即西國專設樹林部之義。訓方氏訓四方觀新

·经学源流考·
潛江甘氏崇雅堂
一九三八年版

物即賽珍會之義亡者使有微者使阜害者使亡靡者使微即出口稅輕入口稅重之義如此類者不一而足會而通之可知泰西富强之術不能出周禮一書之範圍而周禮之可行亦無可疑矣（本師南皮說）

讀春秋義與事不可偏廢

三傳皆爲春秋而作公穀發明作義左氏取證本事睹其事而春秋之義益明此三傳所以相資爲用也近世公羊家乃謂春秋非記事之書不待左氏而後明（劉申受說）豈知不睹其事即不能明其義即如春秋書趙盾弑其君明大臣之義宜討賊也設不知趙盾之事則大臣討賊之義何以知之書許止弑其君明孝

子之義宜衛疾也。設不睹許止之事。則孝子衛疾之義。何以知之。善乎桓譚之言曰。經而無傳。雖使聖人閉門思之十年而不知也。由是言之。則三傳不容偏廢。而近世公羊家偏宕之詞。亦可息其喙矣。

左氏傳宜分門治之

左氏篇幅博大。非分門專治。無從得其要領。杜元凱治此書。事實而外。如日月。輿地。官制。禮制。兵制。氏族之類。皆分門治之。顧震滄春秋大事表。類別區分。纂括無遺。蓋即征南遺法。若以杜顧兩家爲前事之師。約之以高澹人左傳紀事本末一書。則通此經不難矣。大事表、深明春秋時勢、尤爲切實有用之學、春秋風俗政治與今日時

·经学源流考·
潜江甘氏崇雅堂一九三八年版

勢。可以互相印證。尤宜博攷而詳究之。

近代左傳家多喜申賈服而抑征南。此乃一時風尚。非持平之論也。賈服義與杜異者不過數十條。且互有得失。而二家注已殘佚不全。治左氏不得不以征南爲主。賈服義長者。無妨兼取以匡杜氏之失。必掊而擊之。殊可不必。杜氏違闕。顧亭林惠定宇姚姬傳沈文起諸家。皆經糾補。亦可旁參焦里堂左傳補疏。論征南多深文。不可從。洪氏左傳詁、疏證閎博、引申服賈、絕不攻擊二傳、可取、

讀公羊傳。宜去其非常可怪之論。如孔子改制。稱王。新周。故宋。黜周王魯。以春秋當新王之類。非特非春秋之旨。亦非七十子之言也。蓋漢

初公羊家亟欲興其學。援引讖緯。以冀歆動時君。於是鑿經害道之言。孳乳寖多。乾嘉諸儒。嗜古好難。其風日肆。劉宋諸家。（申受 于庭）闡之而揄深。龔戴之徒。（定菴 子高）推之而愈奥。近人拾其殘唾。衍其餘波。寖開犯上作亂之端。而爲世道經籍之禍。流弊如此。豈公羊子所及料哉。董子有言。正朝夕者視北辰。正嫌疑者視聖人。公羊未嘗不可讀。其切於人事者。未嘗非經世之一助。要當以論語孟子權衡之耳。不然。適足便亂臣賊子之陰謀而已。

讀公羊傳。於褒貶誅絶聘問盟會日月災異之類。均宜分類討論。莊（方耕）劉（申受）治此書之法即如此。但宜去

·经学源流考·
潜江甘氏崇雅堂
一九三八年版

國學筆記 一 十一

其怪言曲說耳。孔㢲軒公羊通義。兼採左穀。糾本傳之違。與邵公墨守之學迥異。雖不及劉宋精深。然立言矜慎。可救公羊家末流之弊。不可不一涉獵。

穀梁可與公羊並讀。

穀梁較公羊爲平正。蓋穀梁在公羊後。於公羊異義。多不取之。故非常可怪之論。視公羊較少。與公羊並讀。取其可匡公羊之違耳。近人治此經者。或以公羊改制之說汩之。比附緯書。大失穀梁家法。不足信也。范武子注。雖失漢儒師法。然不曲從穀梁之短。與何邵公墨守之學不同。近代治穀梁者。有許（同叔）柳（賓叔）侯（君謨）鍾（子勤）四家。許之穀梁釋例。條例明整。（論左氏、頗不當、）柳之

穀梁大義述所採稍雜而日月例及師說諸門考訂獨精侯之穀梁禮證專明禮制鍾之穀梁補注不盡用漢儒師法而獨詳備皆不可不一涉獵

爾雅宜與說文並讀

凡字有本義有引申義有叚借義說文多釋本義爾雅多釋引申叚借之義不讀說文不能知字之本義也故云爾雅說文相資爲用近代治爾雅者以邵二雲郝蘭皋二家爲最郝書多明聲轉之說尤勝於邵不可不讀

談小學

治小學宜先知六書義例之分區

·经学源流考·
潛江甘氏崇雅堂
一九三八年版

六書之目有體有用象形指事會意形聲爲四體轉注叚借爲二用四體之中又有獨體合體之別獨體之字象形指事爲多合體之字會意形聲爲多叚借一門所以濟文字之窮轉注一門可以明孳乳之理諸儒說轉注、迄無定論、惟曾文正公之說爲善、可從、曾說見與朱孔揚書、知四體之區別曉二用之指歸則古人造字之本原可得大略

江艮庭六書說能窺六書制作之原王菉友文字蒙求類別區分頗有條貫均可看第王書於象形指事會意三門爲詳於形聲一門尙略轉注叚借絕未之及能補益之爲要

宜知經傳文字通叚之常例

中國文字雖不以聲爲主。然三代字少。猶多耳治。故同聲通叚之字最多。不通其常例。不能讀古書也。

宜曉篆隸遞變之次第。

古今文字不同。自倉史斯邈以降。迄于漢魏六朝。或媘或改。相因遞變。宷其次第。可以觀文字升降之原。

宜通古今音均之隔閡。

人之聲音。隨地而異。故中外不同。隨時而異。故古今不同。有繙譯。始通中外之隔閡。識古音。始通古今之隔閡。能通古今音均之隔閡。則秦以前有均之文。庶幾可讀。而古今聲音變遷之故。亦略得大凡矣。

近代講古韵者。顧亭林江慎修戴東原段懋堂姚文僖苗仙麓諸家

·经学源流考·
潜江甘氏崇雅堂
一九三八年版

皆精顧氏音學五書。尤當先讀。

宜知以聲類求義類之樞紐。

凡同聲之字。義多相近。蓋有意義而後有聲音。有聲音而後有文字。故義多寓於聲之中。欲通古義。於古音求之。可以十得八九。若臚許之九千字。而以部分釐之。不特聲有所系。即義亦有所統矣。

宜通說文部首五百四十字之義例。

建首五百四十字。爲許書綱領。通其義例。始明文字孳乳之理。

苗氏說文建首字讀。可看。

治說文。宜通其大旨大例。而置其不急者。

以上所言。即小學之大旨大例。但通其大旨大例。即可應用。至若名物之不急者。文字之脫逸者。說解之奧隱者。義例之牴牾者。概付蓋闕。無庸深求。得明師說之。不過兩月。即可明了。引申觸類。存乎其人。功力既有限斷。自無廢時破道之患矣。近人治說文者。或終身鑽研。汨沒不返。而厭中學者。則又動詆訓詁爲無用。此皆一偏之見也。

王貫山說文釋例。條舉件繫。櫽括無遺。不愧許氏功臣。學子欲通許學。此書不可不讀。說文句讀。兼採嚴桂段鈕諸家。明白詳慎。最便學者。段懋堂說文注。精而較繁。俟專門者治之可也。

·经学源流考·
潛江甘氏崇雅堂
一九三八年版

談史學

讀史宜通知歷代治亂興衰之故。

欲通知歷代治亂興衰之故。宜求之三通鑑。（司馬氏資治通鑑、畢氏續通鑑、夏氏明通鑑、）然通鑑篇幅博大。宜以四紀事本末約之。（袁樞通鑑紀事本末、陳邦瞻宋元紀事本末、谷應泰明史紀事本末、）蓋一代大事不過數十條。通鑑年經月緯。或一事而連跨數卷之中。驟難得其要領。紀事本末每事自具首尾。讀之無卷帙隔越之嫌。善敗起訖。瞭然易見。以通鑑爲主。以紀事本末爲輔。卒業既易。而歷朝治亂大端。亦朗若列眉矣。

讀史宜通知歷代掌故沿革得失。

欲通知歷代掌故沿革得失。宜求之正史及三通。杜佑通典、鄭樵通志、馬端臨文獻通考、然正史三通卷帙繁重。讀之苦難卒業。不知讀之固自有法也。通典之精華。大半括於通考之中。則讀通考。暫不讀通典可也。通志獨斷別裁。皆在二十略。讀略足矣。坊間有通志畧、至若紀傳。多採正史。不讀可也。通考門目雖有二十。然經籍四裔輿地之類。自有專書。可以別求。封建郊社王禮宗廟象緯之類。多不周今日之用。可以不讀。其當讀者。不過田賦。國用。征榷。職役。學校。選舉。兵刑。職官各門耳。然則三通雖繇約而取之。不過十之三而已。正史可以各志及列傳中奏議約之。且各志亦不必盡讀。祗取其足

·经学源流考·
潜江甘氏崇雅堂
一九三八年版

資今日取法者。至如漢之郊祀。後漢之輿服。宋之符瑞禮樂。歷代之天文五行。元以前之律歷。唐以後之藝文。綴讀可也。官制地理水道。固自今日要務。然官制之無關治理者。（如寄祿虛封閒曹雜流之類、）地理之無關大事者。水道之無關今日之用者。不攷可也。然則正史雖繁。約而取之。不過十之一而已。三通取十之三。史志取十之一。何至以卒業爲難。提要鉤玄。昌黎讀書之法如此。治一事已。復治一事。東坡讀書之法如此。如不知別擇。漫無條理。不特部帙繁博者。驟難得其要領。即簡編短卷。又豈能得其實用耶。

兩漢會要。唐會要。五代會要之類。皆歷代掌故。不可少之書。偶一涉獵可也。

史學以通今致用爲主義。

史學不能措諸實用。讀之何爲。若以爲博聞考古之資。此程子所呵爲玩物喪志者也。宜立一通例。凡歷代治亂大端。有關今日鑒戒者考之。無關者置之。凡歷代制度沿革。可資今日取法者考之。無所取者略之。如此。則日力不耗。讀一書得一書之用矣。

正史宜擇讀。

史記究天人之故。通古今之變。閎識孤懷。千古無兩。推崇孔子。尤爲卓識。所言三代之迹。粲然可觀。甄綜九流。亦有深旨。班書義例閎整。經世大法。煥然畢備。

·经学源流考·
潛江甘氏崇雅堂
一九三八年版

欲攷西京治術經師學派舍此莫由蔚宗後漢激厲名節學者講求可以入德此三書皆史學之綱領也最宜先讀陳志簡質不蕪亦得史法新五代史詳著亂源可爲鑒戒雖無微顯志晦之意而雅潔有法迴非晉宋以下諸史所及明史時代最近其朝局民風邊才軍政無一非取證之資紀載尤翔實有別擇司馬班范以後史之宜讀者無逾此三書矣其餘諸史惟力是視可也北史、隋書、新唐書、亦可觀、

論史事之書取其切於經世之用者

空談苛論論史最忌宜取博通而持平者司馬公通鑑論范氏唐鑑論窮物之理執聖之權多足資後世

鑒戒。王船山讀通鑒論宋論。多翻案之言。然其獨到處。亦非淺識所及。

御批通鑒輯覽。折衷至當。不爲闊迂之論。過高之言。尤切經世之用。均讀史不可少者。廿四史論贊。亦可擴充學識。凡歷朝政治得失。典制沿革。國勢盛衰。人才消長。學術流派。民風升降。都括其中。若裁篇別出。都爲一編。亦論史大觀也。

論史法之書。取有特識者。

唐劉知幾史通。史學家之圭臬也。唐後史氏。雖多詆其非。究不能不陰用其說。蓋其識不可及矣。宜擇讀之。近代章實齋文史通義。論史多獨到。與識小者迥

·经学源流考·
潜江甘氏崇雅堂
一九三八年版

別。蓋鄭夾漈後一人。其餘諸家。多以考訂言史。祗可謂之史考。不得謂之史學。閎識孤懷。去實齋遠矣。學子有志史學。以實齋爲法可也。

史學宜詳表譜。

史之有表譜。猶人之有眉目。衣之有要領也。劉知幾稱史公十表曰。燕越萬里。而徑寸之內。犬牙可接。昭穆九代。而方尺之中。雁行有序。使讀者舉目可詳。（史通外篇雜說、）蓋表之益人如此。有此類書。讀史最省力。如萬季野歷代史表。齊次風歷代帝王年表。沈東甫廿一史四譜。葉維庚紀元通考。李申耆紀元編。陳芳績歷代地理沿革表。歷代職官表之類。不特爲史氏功臣。

亦且爲初學先導。皆讀史不可少者。尚有未備者、宜補爲之、

談理學

宋學書。爲義理淵藪。不可不讀。

宋學書有益身心。學者時時講求。可以寡過。曾文正論學。分義理考据經濟詞章四門。而歸宿於義理。蓋讀書所得。每日所行。必印證於義理。始無偏畸之失。宋儒書所以與經典相輔而行者此也。

宋儒書宜擇讀。

理學書甚多。宜擇要讀之。近思錄爲四子書之階梯。可以先讀。次則宜讀學案。可以兼考學行。甄綜流派。黃梨洲明儒學案。雖主張王學。不無門戶之見。然宗

·经学源流考·

潜江甘氏崇雅堂

一九三八年版

旨明顯。於龍溪心齋之徒。亦未嘗曲爲袒護。全謝山宋元學案。成於補輯。攟拾最富。持論最平。學術得失。瞭然易見。黃主一之論、頗有偏者、宜分別觀之、學者因其性之所近擇善而從。卽可有下手處矣。正誼堂叢書。所收甚富。雖不無刪節失宜之處。猶得藉是以窺崖略。亦可擇讀。

宋儒宜以朱子爲宗。

朱子文集。精博無匹。學者最宜致力。朱子語類。最可觀。論爲學之方。論力行。論讀書。論知。訓門人。各卷可以發揚志氣。宜先讀。學案所甄錄者、未能盡見朱子全體眞面、宜另採錄之、陳宗誼有朱子語類日鈔、亦好、陳蘭甫東塾讀書記朱子卷最精。欲爲朱子之學。從陳書入門可耳。

理學宜以躬行爲主。

理學貴躬行。不尚空談。空談則與晉之清談無異。近日理學家多辨朱陸異同。攻新建紕繆。此不過宋學之考据家耳。不足尚也。

談諸子學

讀諸子當以經義爲繩尺。

近人尊諸子者至謂可與六經相輔而行。不喜諸子者務一切屏棄。皆非適中之論也。諸子之詭僻橫恣。不合大道者。施之今日。固不能無弊。至若中理之言。往往足以補經義。應世變。何可廢也。且欲通知學術流別。增益才智。諸子未嘗不可節取。要當以經義折

·经学源流考·
潜江甘氏崇雅堂
一九三八年版

國學筆談一　十九

衷之耳。班固曰。觀九家之言。舍短取長。可通萬方之略。誠如是言。諸子何嘗不可讀哉。昌黎讀荀子。欲削其不合者。附於聖人之籍。陸清獻讀國策。有去毒一編。此古人讀諸子之法也。

讀諸子。擇其可以證經義輔治術者取之。不必專尙考据。

乾嘉諸儒。多以諸子證經文之異同。雖有功後學。要皆近於識小。陳東塾頗能擇取諸子之長。而窮極其弊。南皮師治諸子。亦去其駁雜。而取其不悖經義者。必如是。方能盡諸子之用。可以爲法。

讀諸子。宜先知其學術宗旨。

荀子非十二子篇。莊子天下篇。韓非子顯學篇。史記太史公自序中論六家要旨。漢書藝文志中諸子略。四庫提要子部。皆言周秦諸子學派之書。參互考之。可得大概。

讀諸子。宜合歷朝政術參觀之。

秦漢以來。爲國者大都以儒術緣飾治具。而陰袓諸子。諸子持之有故。言之成理。苟去其偏。未嘗不可經緯宙合。要須因時而用之。漢承秦後。刑法嚴苛。楚漢紛爭。民困兵革。故文景治之以黃老。非其時則廢弛矣。東漢末造。王綱解紐。劉璋闇弱。民不畏威。故武侯治之以申韓。非其時則操切矣。大都善用諸子者。必

·经学源流考·
潛江甘氏崇雅堂一九三八年版

因其時不善用者反是。史傳中用諸子而不效者甚多、取歷代政治大端參互觀之乃知諸子之術不可輕用。

當知周秦諸子。不外老墨兩派。而毒我中國。亦惟兩家最甚。

老氏專尚智術。作用甚多。道德五千言。莫非教人以取巧之術。凡後世權謀變詐之爲。鄉愿輭媚無恥之習。陋儒空疏廢學之弊。君臣苟安誤國之風。皆老氏啟之。雖西漢頗著其效。而千年實陰受其毒。墨氏自孟子闢之之後。遂流衍於海西。及今二千餘年。仍流入中國。雖不至蠹我聖教。然未嘗不梗我政治。壞我風俗。煽我人心。此眞中國之隱憂也。本南皮師說、

談輿地學

地理先以知今爲主

今日急務若內政若外交若經武若理財均不可不知地理但古地理沿革考之無裨實用不若專以知今爲主今日有用者曰形勢曰險要曰今日水道曰都會曰物產曰道路曰運道曰通商口岸曰海陸邊防曰中外毘連疆界分條考究不明不措方爲切實有用之學

習地理宜兼習圖譜之學

地理非圖不明古人讀書左圖右史蕭何入關收秦圖籍得以知阨塞定天下用莫切矣鄭漁仲通志特

·经学源流考·
潛江甘氏崇雅堂一九三八年版

立圖譜一略。蓋能知其要者。中國圖譜之學久亡。故流傳各圖。精碻者鮮。欲講求輿地。非兼習圖學不可。但此事須有師承。略通測算。乃能爲之。又不可不兼習數學矣。泰西各種學問。皆有藉乎圖。故西人幾何畫形之學。特精。中國舊法。實所不及。所譯測地。繪圖。繪地法原。行軍測繪等書。於圖學門徑言之尤詳。此亦習測繪者不可不知也。表譜之學。可與圖學相輔而行。凡所講求。（如上所言形勢險要水道物產之類、）一一以表明之。則尤若網在綱。有條不紊矣。

輿地書宜讀近今者。

凡學問之事。皆從古書入。獨輿地宜從今書入。今之輿地不明。古之輿地不能定其所在也。乾隆府廳州縣圖志。爲一統志摘本。可得方輿大略。皇朝輿地韵編、頗便尋檢、今水經表。水道提綱。條理秩然。最爲地學綱領。讀史方輿紀要。詳於形勢阨塞。於用兵尤宜。滿洲源流考。西域圖志。西域圖考。西域水道記。新疆識略。回疆志。秦邊紀略。朔方備乘。中俄界約斠注。帕米爾圖說。諸書。於邊事言之獨詳。欲考防務界務。尤不可廢。黄昌岐長江圖說。詳於長江兵防。製造局譯刻海道圖說。詳於航海道里。皆徵今不可少者。若禹貢漢地志。水經注之類。可證古時山川。元和志。輿地廣記。元豐九域志。太平寰宇記。輿地紀勝之類。可證郡縣沿革。乃

·经学源流考·
潜江甘氏崇雅堂
一九三八年版

考古家所貴以之徵今、則非所亟矣。禹貢、漢志、爲考古之河源、講地學者、亦不可不知、但須於知今後爲之耳、班志爲禹貢之羽翼、水經注卽班志之義疏、故治三書須連類而及、近代說禹貢者、胡東樵禹貢錐指最著、成芙卿禹貢班義述最精、班志本釋禹貢、成氏據此以釋本經、最得家法、治班志、當以水道爲主、顧其書簡奧、當以水經注、疏通證明之、洪筠軒陳蘭甫治班志、皆於水道甚詳、洪有漢志水道疏證、其說博而能眩、陳有漢志水道圖說、其說簡而有要、吳頊儒漢志補注、蒐采甚博、足備參稽、治水經之法、戴東原趙東潛、已有成規、汪梅村水經注圖、董方立水經注圖說殘稿、皆以今地證古地、於致用之學尤切、王益吾水經注集解、楊惺吾水經注疏、二書尤爲精博、治酈注者、以二氏爲集大成矣、學者既治今輿地、古輿地自可相因而及、故略說之、

輿地圖宜據後出者。輿地之學、以圖爲要、輿圖至多、以近出者爲要、胡文忠公之圖、號稱最善、(湖北局有刻本)然頗有譏其舛漏者、近

年新修會典。各省派專員測繪。然多因襲舊圖。未能精善。仍不若據胡本矣。譯出洋圖。有洪文卿中俄交界圖三十五幅。天津所譯八省沿海圖十六幅。日本人所印亞細亞東部圖一幅。製造局所譯海道圖。長江圖。皆有可觀。近出者。有日本陸軍測量部所繪東三省直隸山東及日本高麗沿海各地圖。尤爲精美。鄒代鈞現譯一圖。據西人極精之本。凡地球各國皆備。尚未告成。已出十之五六、此皆今圖之可據者。若流傳舊圖。留備考證可矣。某教會所譯十八行省圖、稅務司所譯新長江圖、日本人所印朝鮮圖、皆可觀、

地球全形。外洋各國。宜知其大概。

·经学源流考·
潛江甘氏崇雅堂
一九三八年版

中學地理。可以全力爲之。西學地理。知其大略足矣。方輿廣狹。程途遠近。邊界錯互。都會海口。寒煖險易。貧富強弱。按圖索之。月餘可畢。先詳英法俄德美日本六國。其餘姑俟暇日考之。（鄒代鈞西征紀程、於泰西輿地、考訂獨詳、可看、聞薛叔耘有續瀛寰志畧、未見、）

談政治學。

政治學以近代爲要。

政治之學。當詳近而略遠。近則利病較切。可備經世之用。遠則徒供詞藻而已。胡益哉。故近代典章制度。必應講求。百年以內大政。天下郡國利病。以及東西各國法政經濟之書。尤宜博考而切究之。昔宣尼未從事百國寶書。先治魯十二公史記。所見所聞之世。倍切於所傳聞之世。分內所應盡者然也。上聖且然。況吾輩中材以下乎。昌黎自言於前古當今之故能識其一二大者。近左文襄館安化陶文毅所。多識掌故輿地年四十九始出受軍任。涉歷疆寄。遂爲勛臣。往蹟可睹已。生今之世。不能通知今日當務之急雖弟佗其冠。衶襌其辭。其能免拘方一曲之陋乎。

掌故書宜擇讀。

欲通近代掌故。自以讀近代官書爲急。但皇朝方略。不能家有其書。皇朝三通。浙江局刻。大淸會典。禮部刻、大淸通禮。江蘇局刻、十朝聖訓。有石印本、十一朝東華錄。天命至同治朝、王氏

·经学源流考·
潜江甘氏崇雅堂
一九三八年版

先謙校刻、律例編注集成。白雲司校刻、之類。雖近有刻板。易於購致。然篇幅博大。讀者不免望洋。宜先讀石渠餘紀。王慶雲、吾學錄。吳榮光、聖武記。魏源、諸書。篇幅不多。卒業亦易。既得大略。再取諸官書。擇而讀之。自有頭緒可尋矣。

政治學宜分類治之。

政治之學。頭緒緐多。分類治之。始能得其要領。約而計之。可分九類。一曰官制類。其目五。曰選法。曰職掌。曰官規。曰計典。曰儲材。二曰內政類。其目十。曰吏治。曰警察。曰戶口。曰風俗。曰禮教。曰地方自治。曰賑卹。曰移民。曰水利。曰河工。三曰外交類。其目七。曰外交。

曰條約、曰通商、曰西律、曰界務、曰租界、曰國際公私
法、四曰財政類、其目十、曰田賦、曰關稅、曰稅捐、曰圜
法、曰國債、曰漕運、曰鹽權、曰國用、曰庫藏、曰預算、五
曰教育類、其目六、曰教法、曰學科、曰溥通、曰專門、曰
校欵、曰考試、六曰法律類、其目六、曰憲法、曰民法、曰
刑法、曰訴訟法、曰檢察、曰監獄、七曰軍政類、其目十、
曰軍制、曰陸軍、曰海軍、曰海港、曰船政、曰馬政、曰險
要、曰餉糈、曰屯墾、曰邊防、八曰實業類、其目七、曰農
政、曰林政、曰商政、曰工政、（提倡民間工藝）曰礦政、曰漁業、曰
公司、九曰交通類、其目五、曰鐵路、曰公路、曰航海、曰
郵政、曰電政、分別部居、畢力搜討、治一事已、復治一

·经学源流考·
潜江甘氏崇雅堂
一九三八年版

事。則郡國之利病。九州之風土。政治之得失。自可洞見癥結。而經世之學。亦略有把握矣。

政治學宜以禮約之。

古人經世之學。一出於禮。凡今日吏戶兵刑工諸部。胥括其中。觀周禮一書可見。不特三千三百之詳。爲禮之所有。即軍旅戰爭食貨淩雜。官箴治譜。刑律科條。鄰交約章工商瑣務。皆禮家所應討論之事。故政治之學雖繁。可一以禮括之。所謂由博返約也。鄭君集漢儒大成。朱子集宋儒大成。其學皆純於禮。近代大儒如顧亭林王船山著書。皆以扶持禮教爲已任。江愼修有禮書綱目。秦文恭公因之纂五禮通考。凡經世大典。一括以禮。亶振古奇作也。曾文正公爲學。亦以秦書爲宗。至著之聖哲畫象記。學者有志經世之學。若以秦書科條。範圍約束之。自不至茫無歸宿矣。

名臣事蹟奏議二者。宜討究之。

語曰。不習爲吏。視已成事。故學習政治。名臣事蹟。不可不知。名臣奏議。不可不讀。所謂已成事也。國朝滿漢名臣傳。良吏述。彭紹升 續良吏述。錢儀吉 國朝名臣言行錄三編。王炳燮 從政觀法錄。朱方增 國朝耆獻彙徵。李桓 諸書。於名臣事蹟。特詳。擇要讀之。必能裨益神智。增長學識。五十年以內奏議。尤宜加意討求。時代愈近。

·经学源流考·
潜江甘氏崇雅堂一九三八年版

愈切於用。皇朝經世文編。賀長齡魏源以學術治體及六曹分類。體例最善。近日盛氏所續尤要。奏議專書。陶文毅澍林文忠則徐胡文忠林翼曾文正國藩左文襄宗棠彭剛直玉麐袁端敏甲三諸家。皆宜一閱。近年奏議。未有專書者。多散見邸鈔及各報中。尋覽攷求。尤爲切實。但諸書篇幅博大。卒業不易。須以昌黎提要鉤玄之法讀之。張瑛有胡曾二公集要畧、可爲讀奏議之法、

經濟家私議。須辨其是非。

政治得失。有臣工所條奏者。亦有儒生所講求者。臣工條奏。大都令勢可行。不肯爲過高之言。儒生講求。大都言利弊多透澈。或不免失之太盡。且有勢不可

行者。蓋身處局外。而言局中之事。往往如此。讀此等書。須默察今日時勢。審其能行與否。而辨別其是非。始不爲彼所囿。王船山噩夢。黃書。唐鑄萬潛書。黃梨洲明夷待訪錄。檀默齋法書之類。皆國初時著作。與近日時勢不盡合。王螺洲樞言。孫芝房芻論。馮林一校邠廬抗議。湯蟄仙危言。薛叔耘籌洋芻議之類。皆五十年以內之書。論政治利病甚悉。不無可采。然亦有迂曲不通者。總宜審察時勢。折衷而擇取之。

識時務宜閱報。

閱報亦通知世務之一端。唐孫樵有讀邸報文。黃陶菴館錢氏。多閱國故邸報。故爲文深明大略。不爲空

·经学源流考·
潛江甘氏崇雅堂
一九三八年版

言曾文正日以圈報一本列入日課南皮制府亦勸人閱報謂可擴見聞長志氣破瞀論知時局至著之勸學篇然則閱報之益豈淺鮮哉易大傳曰通變者趣時者也時勢之利病欲不出戶窺牖而知之舍閱報其曷以乎第撰述之人學術不同所有論說純駁不一要須善擇方無流弊取裨我學識勿囿彼卮言合於道者取之離於道者黜之庶獲其益而不罹其毒乎

談文學

古人文辭擇有實用者讀之

宋史劉忠肅傳云一自命爲文人無足觀矣然孔門

四科文學居一。又曰言之無文行之不遠。則文未能舍棄也。但當擇其有實事者讀之耳。孔子曰言有物。又曰脩辭立其誠。此可爲讀文之法。若無物之言。不誠之辭。不必讀。亦不必作。

文章與學術經濟。不可分爲三途。

古人博學於文。正欲以充其學識。裕其經濟。有學識有經濟。而後文章愈可貴。未有離學識經濟而言文章者。離學識經濟而言文章。斯所以爲後世之文人也。

古人專集。宜博觀而約取。

古人文章各有面目。各有流派。不讀專集。不能知其

·经学源流考·
潜江甘氏崇雅堂一九三八年版

獨到處也。前人古文選本、多以己意去取、不能盡見古人全體眞面、自八家外唐迄近代集部可取者尚多皆不可不一涉獵。卒業雖不易。然用荀子以淺持博之法讀之亦可得其大略。文之有益者。大率四端。治身心也。明學術也。紀政事也。察民隱也。合是四者讀之。失是四者棄之。如此則無益之文可去十之八九。且人之好尚亦各不同。但取性所嗜者三四家。專精而熟玩之。其餘則略一涉覽以知風會可矣。

讀近代人文集。取長棄短爲要。

近代文家。流別甚繁。約而指之。略有三派。桐城一派。倡於方苞姚鼐。名學八家。實則遠祖歐陽。近禰震川。

高者閎法遷史雖不能盡文章之變然宗旨甚正義法甚嚴足正歷代謬悠之習學之不至墮入歧趨淺者爲之主持桐城宗派之說傳嬗賡續沿流而莫之止其弊至於淺弱不振阮元汪中李兆洛周保緒一派專由魏晉六朝上溯兩漢意欲合駢散而一之體製在不今不古之間碻成近代一種文字於八家外實能獨張旗鼓薾者爲之專襲面貌眞氣索然此亦儆也龔自珍魏源一派縱恣學莊深詭學管墨縱橫學國策廉悍學韓非頗足補桐城之所未逮其橫霸之氣奇崛之才亦能爲文章家別開生面肆者爲之橫決放蕩而不知返其弊至於賊傷名教此亦不善學古

·经学源流考·
潛江甘氏崇雅堂
一九三八年版

之過也統此三派有所長亦有所蔽學桐城一派當取其義法去其拘束學汪李一派當取其閎茂去其窘狹學龔魏一派當取其雄奇去其僞體總而言之學有實用而達之以文任學何派無乎不可不然無一而可（石笥山房一派、工爲澀體、蓋導源於魁紀公、近代宗尚之者頗少、不備論、）

古文讀本擇其最精要者

御選唐宋文醇蔡氏古文雅正均得因文見道之旨姚氏古文辭類纂流別甚精李氏駢體文鈔引學者由駢以復古曾氏經史百家雜鈔由史漢八家而泝源於六經皆選本之最精要者宜以爲宗古文苑續古文苑（孫氏星衍、）所選皆不經見之作參互讀之可窮文章之變。近代古文選本可讀。王氏續古文辭類纂。王蘭泉湖海文傳、所採多攷訂之文、二十四家文鈔、漏畧殊甚、王氏此編、亦祇主張桐城一派、有能文而不入選者、管異之魯通甫善論事勢、選之亦未盡、近代古文選本、未有善者、姑讀此編、

總集擇其可與史傳相輔而行者。

文選一書。爲總集之崑崙。學子誦習。幾等六經。自不必言。此外漢魏六朝百三家集。明張溥編、唐文粹。宋姚鉉編、宋文鑑。宋呂祖謙編、南宋文範。金文雅。均莊仲方編、元文類。元蘇天爵編、明文在。薛熙編、國朝文錄。姚椿李祖陶兩本、國朝文徵。諸編。蒐羅宏富。均可與史傳相輔而行。雖不能盡讀。取其各存大略。可攷歷代文章宗派。且寒士之家。不能盡得古人專集。讀之有總集數部。亦省尋求。

·经学源流考·
潛江甘氏崇雅堂
一九三八年版

古文辭宜分類治之

李申耆分三類太略姚惜抱分十三類稍繁惟曾文正整齊之爲三門十類最爲櫽括王道人事之全

談藝之書宜擇讀

劉勰文心雕龍鍾嶸詩品文章家之埻笵也章實齋文史通義於體制源流文章利病言之獨精（此書不專言文、）吾師鄧葆之先生瀠川堂譚藝通藝於道尤有卓識劉融齋藝概論文亦造微均宜討究

餘論

讀書以纂錄爲第一義論著次之

黃子壽方伯所定蓮池書院規制分論箸校勘纂錄

附录　国学笔谈二卷

三門。余謂校勘非今日所急。近代人所校之書皆精、篤守其說足矣、不必再攷、初學學無心得論著亦不易言。宜以纂錄爲第一義。但纂錄須條理分明。或採輯諸書。自出手眼。或專輯一書。歸諸統要。銖積寸累。心得自多。陳右銘中丞在河北致用精舍所定纂錄之例。分內外雜三篇。遇學術精深淵微之處。錄入內篇。以厚本原。典章制度。崇論閎議。遠略壯猷。錄入外篇。以廣措施。權謀術數。兵機詭道。錄入雜篇。以應急變。亦可則傚。

讀書宜有同志。

學術門徑繁博極矣。獨力治之。事倍功半。同力治之。事半功倍。古人有嚶鳴之求。索居之戒。凡以此耳。匄

·经学源流考·

潜江甘氏崇雅堂一九三八年版

約同志。聯購要籍。嚴立課程。互相孟晉。不過十年。卓然自立。易傳曰。君子以朋友講習。曾子曰。君子以文會友。其貴羣也如此。記曰。獨學無友。則孤陋而寡聞。其惡獨也如彼。法戒昭然。有識必能辨之。

讀書期限。宜分溥通專門二界。

泰西學制。有溥通專門兩種。溥通之學。有限有程。惰者不得獨少。勤者不得獨多。專門之學。求博求精。無有底止。南皮尚書師頗稱其法之善。至欲取爲學式。學者讀書。即可依此法以定年限。自五歲至十五歲。讀孝經四書五經正文。隨文解義。並讀史略。如史鑑節要、通鑑韻語之類、可知歷代事畧、文獻通考紀要詩、三通序之類、可畧知前代掌故、稽古錄、讀史論畧之類、可知論事之法、歷代帝王年表、可備考證、天文地理歌括圖式諸書。如三才畧、地球歌畧、讀史方輿紀要序、直省府廳州縣韵語之類、皆可讀、圖宜据近出者、及兩漢唐宋人明白曉暢文字。兼習算學之粗淺者。此爲小學之溥通學。自十五歲至二十五歲。統經史諸子理學地理政治小學詞章各門。以勸學篇之法求之。而以其閒兼習西文及算學之稍深者。此爲大學之溥通學。此編所言、卽大學之溥通學、但所列書目、有祇宜涉獵及之者、宜分別觀之、如此爲之。則中學大端。皆所通曉。過此以往。定習專門之學。既無顧此失彼之虞。自有深造自得之效。其有年已長大。未習溥通學者。宜略爲變通。於溥通學中。擇其尤要者習之。一年之內。可得大略。此後卽可定習專門。但既

·经学源流考·

潜江甘氏崇雅堂
一九三八年版

認專門之後.其溥通學仍須一律并習耳.

所讀之書.宜分專精涉獵二門.

無論溥通學.專門學.皆各有專精之書.涉獵之書.專精之書.必須終卷.誦覽考治.毋得躐等.涉獵之書.隨意翻閱.先其所急.置其所緩.有專精之書.則心志一.自無泛騖之病.有涉獵之書.則聞見廣.自無謭陋之病.此兩門之書、另有表附後、

讀書宜有日記.

子夏日知.曾子日省.此聖門教人遺法.先儒爲學.大都由銖積寸累而成.初無陵節躐等.一超直入工夫也.日記之法.大綱有二.曰讀書.曰行事.讀書細目有

三曰錄心得。心得約分二端、一引申本書之義、一辨駁本書之義、其別有觸悟、在本書外者、亦可記入、曰記疑義。疑思問、此古人爲學之法、曰提綱要。此即前所謂纂錄之法、初學之始、心得尚少者、可以爲之、以通今致用爲主。行事細目有四。曰養心。養心爲治事之大原、曾子之知止、孟子之不動心、皆是、而其功課則自靜坐始、曰省身。每日有敬義分數多少、有怠欲分數多少、必詳記之、以爲自訟改過張本、曰接人。凡師友論說、有益學問身心者、必詳記之、曰攝生。一張一弛、文武之道、讀書宜知此意、以近裏著己爲主。如此則讀書爲人。知行並進。進之大道。庶其有基。

讀書先求門徑。

讀書必有入門之書。南皮師之輶軒語。整齊百家。分析門目。使人人學焉而各得其性之所近。書目答問。

·经学源流考·
潜江甘氏崇雅堂一九三八年版

國學講 一 二二

舉出人生必讀與涉獵之書．部居系别．示人津梁．袁爽秋京卿所刻之經籍舉要．龍翰臣所定、袁重刻、分别條流．約而不陋．皆門徑書之至簡至要者．方今羣言淆亂．塵垢海寓．南皮師近著之勸學篇．立法至簡．憂時至切．足以激發志氣．砥柱横流．尤宜人置一編．以爲讀書論事繩尺．

讀書忌儱侗．

學術同歸而殊途．一致而百慮．聖門四科．造材滋公十科取士．學各成家．數藝各立專門．蓋無取雷同儱侗也．初學之始．宜將各種學問門徑．條分類别．既溥通大略．即定習嫥門．庶學能成家．可以自立．今日四部之書汗萬牛闔億室苟不審門徑不知別擇雖白首鑽研必無所得善乎章實齋示人讀書之法曰宇宙之物有切已者雖錙銖不遺不切已者雖泰山不顧如此爲之精神不誤用日力不虛耗豈尙有博寡要勞少功之虞乎

讀書宜正心術

心術與學術相表裏心術不正縱學問淹博適以濟其奸邪操莽之流豈無學問一念不正遂爾貽臭千古方今滄海橫流事變日棘邪說暴作異幟高張羣宜繩準聖賢激發忠義中有所主庶不誤墮歧趨

讀書宜知本末

·经学源流考·
潛江甘氏崇雅堂
一九三八年版

今欲強中國，不得不講西學，然當以中學爲本，舍本逐末，君子譏之。記曰：物有本末，事有終始，知所先後，則近道矣。今日學者，必先通曉經術，明先聖垂世立教之碩意，講求史學，識歷代治亂之大原，涉獵諸子百家，通累朝學術之源流，文章之派別，宗旨既正，根基既立，然後擇五洲政治藝學之可以起吾疾補吾闕者取之，斯有其益而無其害，不然，則如無針之盤，無柁之舟，多一通西學之人，不過爲西人多添一奴隸而已，於中國胡益哉。孝感屠梅君侍御曰：西法未嘗不可仿效，但須熟讀五子近思錄者爲之耳。痛切之言，良可味也。

爲學宜辨名實

今人議論動曰守舊維新然託其名者多竟其實者少通五經制作之精意曉歷代治亂之大原洞百家學術之流派斯之謂舊學而株守帖括迂謬尠通者託之則舊之實亡矣通環球政學之要講工藝製造之理窮物質文明之奧斯之謂新學而倡行邪說崇奉異教者託之則新之實亡矣孔子惡似是而非者杜假冒也假冒之弊不除則門戶紛爭終古枘鑿豈中國之福哉以舊學治身心以新學應世變各竟其實未嘗不可相資爲用如以似是而非者當之則舊學不過爲陋儒藏拙之地新學適以長亂民惑世之

·经学源流考·

潜江甘氏崇雅堂

一九三八年版

風·極其流弊·恐非識時達變之君子所忍言也·

國學筆談卷之一終　　女世珊校錄

國學筆談卷之二

甘氏家藏叢稿

潛江甘鵬雲述

國學筆談一卷。成於光緒己亥。距今四十年矣。世變日新。江河日下。人心競利而忘義。士習蔑古而趨時。邪說邳張。寰海風靡。道德墮落。紀綱蕩然。而我中華民族數千年固有之精神。不免摧殘殆盡。而我三古羣聖人平治天下之大經大法。亦遂蘄削無餘。國學淪亡。豈徒經籍之禍。狂瀾莫挽。終貽世道之憂。瞻念前途。不寒而慄。欲倖免爲奴之慘痛。端賴存人道於幾希。歧路亡羊。補牢非晚。失今不圖。噬臍何及。胸有所觸。輒爲書一卷。附諸前書之次。以告學子。余旦暮

·经学源流考·

潛江甘氏崇雅堂
一九三八年版

人也。鐘漏並歇。勉效將死之哀鳴。來日大難。冀挽八千之浩劫云爾。己卯七月潛廬老人甘鵬雲記時年七十有八

一蔑棄正學。爲釀亂之源。

今之天下。莽莽大亂。國幾不國。其故何也。曰此非一言所能盡也。無已。但述亂源可乎。造亂之源。一言以蔽之。正學衰微而已。正學衰微。遂以釀成天下之大亂而不可救。所謂正學者非他。乃堯舜禹湯文武周孔聖聖相傳之至道也。其說至平。非有深文奧義。難索解者也。則五倫八德而已。其書不繇。非若鉅帙宏編。難卒讀者也。則四書五經而已。所以正普天率土

之人心者在此所以救天下萬世之禍亂敗亡者亦在此。果能講明而篤行之。正氣既充。外邪烏得而入。無如黌校學子。未能切實講求孔孟之學。羊質虎皮。名存實亡。而海濱洋界喜新好異之徒。厭舊說之陳腐也。適值甲申甲午二役。兩遭敗衂。於是談變法自強。倡孔子改制。演禮運大同。以伸張其邪說。而學風一變。然猶皮傅聖經也。迨玄黃易位。異端蠭起。專主張泰西功利之說。以簧鼓天下。貶孔孟。排堯禹。以爲三古聖人之學。不足應世變。圖富強。六藝等諸弁髦。而學風再變。隄防潰決。洪水横流。禮教淪亡。詖辭盈天下。平等也。自由也。民權也。競爭奮鬥也。共產也。闢

·经学源流考·
潜江甘氏崇雅堂
一九三八年版

孝討父也。非聖無法之談。層出而不窮。於是風俗日趨汚下。人心變爲蛇蝎。人人圖利己。人人以心鬥。焉句神州。變爲羅刹鬼國。天下有不莽莽大亂者乎。正學不明。其結果必至於此。此等現象。人所共見共聞。非予一人揣度之詞也。

二欲轉亂爲治。在轉移人心風俗。

人有恒言曰。亂極思治。今日可謂亂極矣。人人有望治之心。欲轉亂爲治。其道何由。曰顧亭林有言。目擊世趨。方知治亂之關。必在人心風俗。而所以轉移人心。整頓風俗。則教化紀綱。爲不可闕矣。百年必世養之而不足。一朝一夕敗之而有餘。集中與人書。危乎微乎。

人何苦持詭僻横恣之說。以壞風俗而賊人心乎。今日之亂。非往昔所謂亂也。往昔之亂。不過兵戈而已。兵戈既息。亂即止焉。人民安居樂業如故也。安靜無譁如故也。禮教如故也。風俗人心如故也。是何也。以古先聖王所以教人之具。相循而無變也。今日之亂。不僅兵戈而已。人人自私自利。以爭奪爲能。以權力相競矣。長幼尊卑。淆然無序矣。父子兄弟陌路矣。夫婦無別矣。男女講社交。自由結婚。自由脫離矣。家庭爭產興訟矣。人競修靡。儉樸之風。無復存矣。衣服妝束。妖冶怪異。角妓艮家。無可別矣。仕宦黷貨。廉清之操。無復講矣。佃戶不知有田主矣。土匪蠭起。綁票勒

·经学源流考·
潜江甘氏崇雅堂
一九三八年版

黷。良民苦矣。人心風俗。敗壞如此。雖兵戈暫息。而禍不止也。是何也。以古先聖王所以教人之具。蕩然而無存也。釀成大亂。豈待問哉。故欲轉亂爲治。非轉移人心整頓風俗不可。

三轉移人心風俗。在興教化。振紀綱。闢邪說。

或疑人心風俗之敗壞。全國波靡矣。欲以興教化。振紀綱。闢邪說挽之。豈不甚難。是不然也。人心風俗大都視政府之趨向爲轉移。城中好高髻。四方高一尺。上有好者。下必有甚焉者矣。在上者果有興教化振紀綱闢邪說之決心。則風行草偃。民必從之。所謂樹之風聲者也。其事至簡至易。欲興教化。但由長教育

者。通令全國學校。以四書五經列爲主課。與科學並
行。設教授專員。講明堯舜禹湯文武周孔羣聖人之
道。而痛闢邪說誣民之非。則正學昌明。人心風俗。自
可轉移於無形矣。欲振紀綱。但由在上者。以天下爲
公四字爲鵠。確實遵行。不託空言。用人行政。一秉大
公。生殺予奪。不雜纖毫之私。帥天下以正。則政治清
明。而天下服。澆風惡俗。自翕然丕變矣。此振紀綱之
樞要也。國無紀綱。小則亂。大則亡。不必遠引。但以近
事證之。晚清立大阿哥。圖廢立。羣昏當國。新舊分黨。
逞私意。庇邪教。棄忠言。遂有拳匪之亂。攝政王監國。
主集權。用私人。瑞澂督楚。棄城潛逃。而無就地正法

·经学源流考·
潜江甘氏崇雅堂
一九三八年版

之旨。紀綱墮矣。遂有亡國之禍。清之亡徵不止此。此特其一事耳。紀綱之不可墮如此。然欲振紀綱。當先闢邪說。凡倡行邪說。莫不持之有故。言之成理。最易惑人。正學之衰微。紀綱之不振。大都爲邪說所蠱耳。人心風俗。大壞極弊。以致天下大亂。皆邪說階之厲也。故時至今日。以闢邪說爲急。所謂楊墨之道不熄。孔子之道不著也。

四闢邪說。當抉其根源所在。

抉邪說之根源。則康有爲始之。梁啓超繼之。自二氏之說行。遂彌漫於全國矣。康氏所著書有日新學僞經考者。皆無稽之言也。清自乾嘉以來。儒者尚許鄭之學。名曰漢學。康氏則謂周禮逸禮左傳詩毛傳。劉歆所爭立博士者皆新莽之學。非漢學。又謂西漢經學。無所謂古文。凡古文皆劉歆僞作。又謂劉歆校中秘書時。於一切古書。多所羼亂。以彌縫其作僞之迹。又謂劉歆欲佐莽篡漢。先謀湮亂孔子之書。康氏治公羊家言。所謂今文學也。漢儒傳經。篤守師法。今文古文。特字體之別耳。聖人之經。猶是也。尊今文而推倒古文。特爭門戶耳。豈治經耶。漢武帝時。魯恭王壞孔子宅。得古文尚書。孔安國以今文字讀之。因以起其家。司馬遷從安國問故。遷載堯典禹貢洪範微子金縢諸篇。多古文說。河間獻王好古學。李氏得周官。

·经学源流考·

潜江甘氏崇雅堂
一九三八年版

上於朝。禮古經五十六篇。出於魯淹中河間獻王得而獻之。獻王又好毛詩。其故訓傳。得上於朝。此等事實。皆在劉歆之前。然則西漢果無所謂古文耶。歆所爭立博士者。果皆歆僞作耶。中秘書多矣。一切古書。歆能一一羼亂耶。民間所習者。人人共見。歆能以一人之手。掩盡天下目耶。歆縱欲佐莽篡漢。又何必先湮亂孔子之書耶。鄭康成漢末大儒。其能取劉歆僞經而箋注之耶。凡所云云。都不近情實。揆之事理。多不可通。又謂史記楚辭。經劉歆羼入者數十條。出土之鐘鼎彝器。皆劉歆私鑄埋藏。以欺後世。則更任意武斷。信口雌黃。無理取鬧矣。康氏倡僞經之說。意在推倒清儒。以爲清儒所講者。皆劉歆僞經。非漢學。而竊其用意之深。不特推倒清儒而已。蓋舉古今之治經者一切推倒之。自東漢以來。而魏晉。而六朝。而隋唐。而宋元明清。尚書毛詩。周官逸禮。孰不讀者。孰不講者。著述之家。無代無之。而康氏以爲僞經。則二千年以來說經之家。有一全人耶。經既僞矣。則孔子之書存於今者。豈尚有可信者耶。夫中國之所以維繫人心。整頓風俗。隱防禍亂。而保持天下之太平者。實賴有孔子之書。今乃僞之而不爲人所信。則人人皆將獨立自由。而踰越乎繩軌之外。釀成天下之大亂。豈待問耶。是故僞經之說。搖惑人心。變亂風俗。不徒

·经学源流考·
潜江甘氏崇雅堂
一九三八年版

有害學術而已。少正卯之罪不至此。尚受兩觀之誅。康氏之罪。萬倍於少正卯。而清室但毀其板。無或乎邪說之層出不窮也。

又著有孔子改制考。光緒中葉。國勢積弱。康氏主張變法維新。皮傳公羊家言。定春秋爲孔子改制創作之書。以伸張其私說。謂六經皆孔子託古之作。並非刪述。堯舜之盛德大業。皆孔子理想所構成。其人有無不可知。是不信三古有堯舜禹湯文武周公也。是不信易書詩禮傳之於古也。是以孔子爲假造僞書之人也。則自古聖聖相傳之至道。不難一筆抹殺。尚足以維繫人心耶。其持論悖謬狂悍至此。又謂周秦諸子著書。罔不改制。罔不託古。老子託黃帝。墨子託禹。許行託神農。孔子託古。與諸子同。是夷孔子於諸子之列也。抑聖人於九家者流。則聖人之道。其尚能爲學子所信從耶。但知自張私臆。打破別黑白定一尊之舊論。而豈知潰決藩籬。將同人道於禽獸耶。適見其全無心肝而已矣。其書憑臆妄造。以誣聖人。二千年來經學之厄。未有甚於此者也。朱蓉生先生。曾闢其謬。今撮錄於此。願與海內學者共研索之。

朱先生之言曰。公羊大義在通三統。通三統。故建三正。古人所以重三正者。以其合於天運。故王者必法天以出治。董子謂王者舉事。宜求其端於天。今乃舍

·经学源流考·
潛江甘氏崇雅堂
一九三八年版

其敬天勤民之大者。而專舉改制以爲言。夫春秋重義不重制。義則百世所同。制則一王所獨。王者受命於天。改正朔。殊徽號。以新天下之耳目。而累朝舊制。沿用已久。仍復並行。此古今之通義。周時本兼有四代之制。六經無不錯舉其說。非獨春秋爲然。孔子殷人。雜用殷禮。見於載記者甚多。安得以爲改制之證。且託王於魯。猶可言也。帝制自爲。不可言也。聖人有其位。則義見於制。無其位。則義寓於事。是以孟子之論春秋也。曰其事其義。不曰其制。曰天子之事。不曰天子之制。聖人作春秋。不以空言說經。故其義悉寓於事。若夫典章文物。一仍其舊。曾何改焉。近人因王制兼有殷制。遂傳合於公羊。王制果爲公羊而作。則繁露何以不引其文。漢儒何以不述其例。直待千餘年後始煩諸儒爲之鑿空乎。董子繁露言陰陽五行仁義禮智性情者十六七。言他事十三四。其言改制者。惟三代質文符瑞玉杯楚莊王諸篇間及之。並非春秋要義。董子謂天積衆精以自剛。常置陰空處。稍取之以爲助。其言陰陽五行。皆明此義。陽爲德。陰爲刑。親陽而疏陰。任德而不任刑。其說深有契乎洙泗言仁之旨。至若正朔三而改。文質再而復。特聖人受命承天之一事。今舍全書大義而專言此。豈董子之意乎。子張問十世。子荅以因革損益所因。謂三綱五

·经学源流考·
潛江甘氏崇雅堂
一九三八年版

常。所損益謂質文三統。質文三統。非有德有位者。孰能損益之。儒者講明其理可也。擅改其制不可也。聖人憲章文武。方以生今反古戒人。豈有躬自蹈之之理。公羊家言變周文從殷質。文王殷人。其所用者殷制。夫子用此與從先進義同。豈敢緣隙奮筆。儼以王者自居。春秋即爲聖人制作之書。度亦不過一二微文以見意。豈有昌言於衆。以自取大戾者。且亦惟公羊爲然。於二傳何與。於詩書禮易論語又何與。乃欲割裂經文以就己意。舉六經大義。盡以歸諸公羊。然則聖門傳經。獨一公羊耳。安用商瞿子夏諸賢之紛紛也哉。春秋以道名分。假天子袞鉞之權。以誅亂臣賊子者聖人爲萬世綱常計。不得已也。周室雖微。名分具在。鼎之輕重不可問。制之質文可輕改乎。何氏解詁。例已煩碎。今乃於三科九旨而外。修言邵公所不敢言。且混合六經而爲一。是聖人晚年删述。但以改制爲事。平日雅言。復以改制爲教。師弟子所斷斷講習者。莫非干犯名義之言。爲下不悖之謂何。不至於邪說誣民不止。此惟外夷無父無君之教乃有之。而可以誣吾夫子乎。據朱先生所言。但就改制闢其誣聖之謬耳。而其用心之毒。未及推論之也。其用心之毒何在。意在推倒三古聖人。而自創教宗也。倘一推論及之。其憤慨更不知何如矣。

·经学源流考·
潜江甘氏崇雅堂
一九三八年版

又著有大同書。本公羊張三世之義。以說禮運。以禮運言大同。故以太平世傅合之。謂禮運爲孔子理想上之社會制度。其中有民治主義焉。有國際聯合主義焉。有兒童公育主義焉。有老病保險主義焉。有共產主義焉。有勞作神聖主義焉。純是歐人馬克斯學說。乃以傅合禮運。而誣孔子。眞可謂喪心病狂。嚮壁虛造者矣。其實禮運所言。人人共見。何嘗有此等主義乎。其書設有若干條件。約而舉之。無國家。毀滅家族制度。其總綱也。并有男女同棲。不得逾一年之制。不近人情。未有甚於此者。而毀滅家族。尤其主旨所在。以爲人無家族。誰復樂有私產。自無私產競爭之事。佛法出家。爲脫苦也。不如使其無家可出。至於國家又可隨家族而銷滅矣。此等主張。不陷天下於洪水猛獸不止。康氏初頗祕其書。而梁氏傳之。極力鼓吹新思想。美其名曰大同。而三古羣聖人之書。土苴視之矣。宇宙亂機。遂伏於此。在前淸末葉。不過存此一說。迨國體改變。信從者爲衆。世界主義。社會主義。共產主義。相因而起矣。而共產之說。灌輸尤爲劇烈。寖而久焉。共產黨徒。徧布農村。宣傳耕者有其田之說。田野農夫黠者樂爲用。愿者被裹脅。殺人放火。爲所欲爲。湖北湖南江西數省。受禍尤酷。人民財產。損於掠奪者。巧歷不能算。人民生命。死於刀鋤下者。不

·经学源流考·
潜江甘氏崇雅堂
一九三八年版

可數計矣。兵到則農。兵去則匪。如疽附骨。勦撫兩難。歷十餘年而未已。皆康氏階之厲也。釀成匪禍。雖別有主者。然推究亂源。康氏豈能逭其責耶。學術殺人。甚於刀兵。非虛言也。

梁氏倡思想獨立自由。自命爲思想界之陳涉。以爲漢武帝表章六藝。罷黜百家。思想束縛於一途。不能別開生面也。康氏倡保教之說。而梁氏不謂然。以爲煽思想界之奴性也。意欲創造新學派。凡有講孔學者。則詆爲好依傍。以爲中國思想之痼疾。又主張將世界學說。盡量輸入。夫欲爲新思想界闢一新國土。獨立自由。究竟立足處安在。有益於國家。有裨於社會者安在。海外新說。如無國家主義。無政府主義。共產主義。社會主義。世界主義。都盡量輸入矣。梁氏所謂別開生面。思想不束於一途者也。究竟利於我中國者安在。徒以新思想三字。簧鼓天下學子。變壞我國數千年固有之學風而已。以孔學爲束縛於一途。則五倫八德。豈尚有講求者乎。五經四書。豈尚有誦讀者乎。正學衰微。遂以釀成大亂。梁氏長財部。凡附屬機關。如財廳關督運司榷局之類。皆索報効。歲有定額。美其名曰黨費。論者少之。然簠簋不飭。特個人私德有虧耳。其罪小。逞邪說壞學風。誤盡天下蒼生。其罪大。雖後來不經之說。怪異之辭。孳乳寖多。然皆

·经学源流考·
潜江甘氏崇雅堂
一九三八年版

自康梁孕育而來。故欲抉邪說之根源。則康梁不能逃其責矣。

五學業期乎經世。

學業不能致用。爲學何爲。章實齋之言曰。學業將以經世也。周公承文武之後。而身爲冢宰。故制作禮樂。以爲一代成憲。孔子生於衰世。有德無位。故述而不作。以明先王之大道。孟子當處士橫議之時。故力拒楊墨。以尊孔子之傳述。韓子當佛老熾盛之時。故推明聖道。以正天下之學術。程朱當末學忘本之會。故辨明性理。以挽流俗之人心。其事與功皆不相襲。而皆以言乎經世也。今之時何時乎。盜賊四起。土宇崩離。干戈相尋。天下大亂。人民肝腦塗地。求生無路。哭訴無門。悲乎痛哉。世運艱屯。胡至於此。說者曰。自古治日少而亂日多。此特八千之浩劫耳。而不知非也。夫天下有異端蠭起。正學衰微。而不莽莽大亂者乎。如欲止亂。非羣天下學子講求經世之學不可。所謂經世之學者。非富國强兵之謂。乃在講求立國之本。戡亂之源。視今所欠闕者而補救之之謂也。約而言之。不過明先王之大道。尊孔子之傳述。正天下之學術。挽流俗之人心而已矣。實齋又曰。學業者。所以闢風氣也。風氣未開。學業有以開之。風氣既弊。學業有以挽之。人心風俗。不能歷久而無弊。因其弊而施補

·经学源流考·

潜江甘氏崇雅堂一九三八年版

救。庶得中正之宜。好名之士。方且趨風氣而爲學業。是以火救火而水救水也。方海濱異教之徒倡新思想獨立自由之時。詆尊孔爲奴性。主生面之獨開。天下靡然從之。鮮不自以爲闢天下之風氣矣。而豈知敗壞人心風俗。至於如此之甚耶。風氣弊矣。如仍趨逐風氣而爲學業。其不蹈章氏所譏火救火水救水者幾希。故欲挽救流俗之人心。必先正天下之學術。欲正天下之學術。必先講明先聖之大道。所謂學業挽回弊風者此也。所謂學業期乎經世者此也。天下之大。匹夫有責。願與海內學者共勉之。

六經世學之解釋。

或難曰。經世者致用之謂也。富國强兵。致用之術也。今論經世之學。乃曰非富國强兵之謂。豈富國强兵之術不必講歟。曰非此之謂也。謂經世之學。當先本而後末也。非謂富國强兵之學不必講也。古人有言。明體而達用。體用本屬一源。未有體不明而可達諸用者。大學有言。物有本末。事有終始。知所先後。則近道矣。未有後本而先末。能收良好之效果者。我所謂學業期乎經世者。爲學子說法也。異日置身高位。籌辦國事。孰非學校出身之人。故希望身在學校之日。即相與講求明體達用之學。儲備異日安邦定國之才。爲國家用耳。顧講求之始。即當明辨孰爲正學。孰

·经学源流考·
潜江甘氏崇雅堂
一九三八年版

爲異學。孰應切實講求。孰應辭而闢之。胸中有涇渭。論學有繩尺。方不至爲野言謬說所誤。又當默察今日道德之墮落。人心風俗之敗壞。人民之痛苦。盜賊之四起。財源之枯竭。其癥結安在。其癥結所在。乃在邪說橫行。正學衰微。諒近日學子無不知者。闢邪說。崇正學。明體而達用。由本以及末。通曉經術。以明我古先聖哲垂世立教之碩意。講求史學。識數千年治亂興衰之大原。涉獵諸子百家。通歷代學術之源流派別。然後擇五洲各種科學之可以起吾疾補吾闕者。學之實事求是。毋託空談。庶幾體用兼備。本末無遺。此即所謂經世之學也。富強之術。都已包括在內。

如不知政治本原而講自强。則大誤矣。

七論不知政本而講自强之誤。

或難曰。我國茲時。貧弱已極。加以列强環伺。虎視眈眈。則共圖自强。宜急急矣。乃以不知政本而講自强爲誤。何謂也。曰。今所談者。乃學術範圍以內之事。並不涉及政治問題。如直指當局之誤。豈非出位之談。鄙人不敢也。無已。但就淸事言之。可乎。夫治國斷未有不知政治本原。而講自强之策。可以旋至而立有效者也。既不知政治本原。則國空無人矣。以非人高踞政地。而制斯人之命。謂可圖自强。豈非夢囈。國弱矣。必練兵。練兵必籌餉。海軍造艦設塢。所費尤鉅。需

·经学源流考·
潜江甘氏崇雅堂
一九三八年版

費多。必取民。民愈窮。財愈匱。國用愈不足。而所練之兵。愈不能用。甲午一役。一船不能渡海。海軍熸。陸軍殲。自強之效安在也。歲戊戌。發憤圖自強。變祖制。行新政。兩宮水火。新舊交訌。不數月。新政罷。黨人逃。致釀庚子拳匪之亂。自強之效安在也。迨兩宮回鑾。以後。自強之說又起。派五大臣出洋。考察政治。預備立憲。改官制。定學制。設新軍。清理全國財政。主中央集權。倡鐵路國有。突有武昌之變。清社屋矣。自強之效安在也。夫清室迭次圖自強。一無成效何也。以不知政治本原故也。所謂政治本原者何。則學術而已矣。厚民生。興教化。正風俗。固民心。求人才。振紀綱。張四維。修內政而已矣。當國者既無學術。又不措意於此數者。而專談練兵聚財。舍本逐末。焉足以圖自強。徒自蹙國脈而已。如前清者可鑒也。論語孟子。論政之言特多。並不在學術範圍以外。經世之學。固學子所應講求者。故願與學者言之。

·经学源流考·

潛江甘氏崇雅堂
一九三八年版

國學筆談卷之二終

女世玲校錄

图书在版编目（CIP）数据

国学概论选粹. 4, 经学源流考/杜泽逊主编. —青岛：青岛出版社，2023. 1
ISBN 978-7-5736-0613-6

Ⅰ. ①国… Ⅱ. ①杜… Ⅲ. ①国学－概论 Ⅳ. ①Z126

中国版本图书馆CIP数据核字（2022）第236753号

GUOXUE GAILUN XUANCUI
书　　名　**国学概论选粹**
主　　编　杜泽逊
出版发行　青岛出版社
社　　址　青岛市崂山区海尔路 182 号（266061）
本社网址　http://www.qdpub.com
邮购电话　0532-68068091
策划编辑　刘　咏
责任编辑　吴清波　梁　娜
特约校对　朱子菡　李康康
封面设计　李开洋
装帧设计　青岛齐合传媒有限公司
印　　刷　青岛名扬数码印刷有限责任公司
出版日期　2023年1月第1版　2023年1月第1次印刷
开　　本　16开（889 mm × 1194 mm）
印　　张　150.75
字　　数　2000千
印　　数　1—3000
书　　号　ISBN 978-7-5736-0613-6
定　　价　698.00元（全六册）
编校印装质量、盗版监督服务电话　4006532017　0532-68068050